青藏人文与思想丛书

神圣与世俗

——宗教文化与藏族社会

索南才让/著

西藏人民出版社

图书在版编目(CIP)数据

神圣与世俗/宗教文化与藏族社会/索南才让著.
——拉萨:西藏人民出版社,2014.12
ISBN 978-7-223-04632-9

Ⅰ.①神… Ⅱ.①索… Ⅲ.①喇嘛宗—宗教文化—研究—中国 Ⅳ.①B946.6

中国版本图书馆 CIP 数据核字(2014)第 296414 号

神圣与世俗——宗教文化与藏族社会

著　　者	索南才让
策　　划	格藏才让
责任编辑	杨芳萍　增太加
封面设计	格罗
出版发行	西藏人民出版社(拉萨市林廓北路 20 号)
印　　刷	拉萨市明鑫印刷有限公司
开　　本	650×980　1/16
印　　张	9.875
字　　数	130 千
版　　次	2014 年 12 月第 1 版
印　　次	2014 年 12 月第 1 次印刷
印　　数	01-5,000
书　　号	ISBN 978-7-223-04632-9
定　　价	20.00 元

前　言

文化是一个民族的灵魂，是社会不断发展、实现自身素质提高的重要手段，也是民族生存的依据，它同这个民族的关系是血脉相通水乳交融不可分割的。任何民族的传统文化是经过长期的社会实践，不断得以积淀下来的。由于社会发展的不平衡性和特殊的自然环境，文化的特征十分突出。藏族是一个具有悠久历史和深厚文化内涵的古老民族，宗教对他们来说是一种灵魂，也是一种生活方式，由于生活在特殊的地理环境中，几乎把一切都作为崇拜的对象，赋予神圣性或灵性。藏族传统文化尤其是宗教文化的发展过程，是一个不断吸收、更新和演化的过程，“体现出对外来文化不断吸收、不断更新、不断发展的特点”。它具有开放性、地域性、多元性、内倾性等几大特点或属性。宗教是每一个民族普遍存在的一种历史文化现象，“作为一种蕴藏人类心灵最深处的精神力量，是为一种人生哲学，长期积淀和陶冶而形成了各民族的文化心理素质，进而升华为可以反转来影响民族心理的各种社会意识形态，连同各民族的特殊的自然环境，构成了各民族的文化背景，在这种文化背景之上构成了各民族各异的生活方式”。（陈荣富《比较宗教学》，世界知识出版社 1993 年）

苯教和藏传佛教代表了藏族所信仰的两大宗教文化类型，长期以来几乎渗透到社会生活的一切领域，在政治生活和精神生活中发挥着巨大的作用。苯教是在原始信仰的基础上，吸收外来宗教文化而建立起来的一种“入世性”的、与低下的社会生产力水平和分散的部落社会结构相适应的文化。按照传统说法，辛绕米沃且在传教过程中，逐渐形成了一套相应的咒语、占卜等宗教仪式和简单的教轨教理，把原始以自然崇拜为主的苯教向前推进了一大步，建立雍仲苯教。其后，这种形成于古象雄的苯教沿雅鲁藏布江由西向东传播，在雅隆悉补野部落联盟和在此基础上建立的吐蕃王朝发挥着不可替代的作用。图齐说：苯教是“在神统世系、宇宙起源论、世系谱和驱逐与有矛盾的或敌对的神灵之间变化的，他同时保护生者和死者的殡葬仪轨的保护，占卜术于其中起突出作用”[①]。作为藏民族宗教文化的源头，苯教对藏族文化历史发展的走向具有奠基与导向作用，与早期部落的统治融为一体。

由外来的佛教文化和本土的苯教文化融合而形成的藏传佛教文化被看成是藏族传统宗教文化的主流，他不仅在藏民族的形成过程中起到了文化整合作用，而且通过自身所具有的信仰体系、文化功能、社会生活方式等使生活在青藏高原这个共同地域和共同经济生活上形成稳定的共同文化，将这一地域的特定人群逐渐凝聚为一个民族。(王尧、黄维忠《藏族与长江文化》湖北教育出版社)毫无疑问，藏传佛教几乎成为藏族唯一的信仰，这种信仰把不同的价值观、利益观整合为社会共识，产生一种共同的宗教意识，成为凝聚民族力量的精神纽带。同时，这种信仰能控制社会越轨行为的发生，曾是藏族社会控制的一种特殊手段，是稳定人心、实现社会整合的重要力量。

本书从藏族宗教文化类型、宗教与民族形成的关系、宗教文化的生态观、宗教的功能、宗教与教育的关系、宗教与经济的关系、藏传佛教与构建社会和谐的关系等 7 个方面进行研究。由于课题本身难度大，加上有许多比较敏感的问题，故只提出了自己的一些看法，没有展开讨论，希望对这方面感兴趣的人来继续研讨。在此要衷心感谢西藏人民出版社的各位领导和编辑，正是他们为本书能顺利出版给予了极大的帮助。

---

① 图齐著，耿升译《西藏宗教之旅》，北京：中国藏学出版社，1999 年，第 342 页。

目录

第一章　藏族宗教文化类型

藏族是一个勤劳勇敢、具有悠久历史的伟大民族，世代生活聚居在被称为世界屋脊的青藏高原及其边缘地带，境内山脉连绵，雪峰重叠，地势高峻，空气稀薄，气候严寒，多风和雷雨冰雹，“由高山、山原、湖盆、谷地组成了复杂崎岖的地形地貌”①。高原北部的昆仑山—阿尔金山—祁连山，以4000米的落差，急降到海拔约1000米的塔里木盆地和河西走廊；高原东缘的岷山—邛崃山—大雪山与海拔300～400米的四川盆地，高差达3000米以上；高原南缘有平均海拔6000米以上的喜马拉雅山脉。② 生活在如此复杂的地域条件下的藏族先民在对自身的认识中形成了“灵魂”观念，进而去认识瞬息万变的自然界乃至世界万物运动的根源，从而形成了“万物有灵”的观念，崇拜大自然，崇拜天神，宗教信仰的程度胜过其他任何一个民族。

一、藏族宗教的基本结构与特征

宗教是社会发展到一定阶段的产物，是随着人类思维能力的逐步提高而产生的，因为它发端于氏族社会，所以叫“氏族宗教”，又因为它是宗教的最原始形态，又叫“原始宗教”。它的最大特点是自发性和朴素性，其信仰观念、崇拜对象和崇拜方式都是围绕着氏族的生存和生产而形成的，信仰万物有灵。恩格斯说：“在远古时代，人们还完全不知道自己身体的构造，并且受梦中景象的影响，于是就产生了一种观

---

① 孙怀阳、程贤敏著《中国藏族人口与社会》，北京：中国藏学出版社，1999年，第2页。

② 徐华鑫著《西藏自治区地理》，拉萨：西藏人民出版社，1992年。

念：他们的思维和感觉不是他们身体的活动，而是一种独特的寓于这个身体之中而在人死亡时就离开身体的灵魂的活动。从这个时候起，人们不得不思考这种灵魂对外部世界的关系。既然灵魂在人死时离开肉体而继续活着，那么就没有任何理由去设想它本身还会死亡，这样就产生了灵魂不死的观念”。[①] 随着社会生产力和社会经济结构，以及人与人的社会关系的演变，民族宗教也在发生变化。如民族成员之间平等关系的瓦解，社会成员开始等级分化，宗教所崇拜的神灵随着出现了高低优劣之分。

长期以来，许多学者分别从信仰对象、信仰主体和宗教的社会功能出发去研究规定宗教的本质，始终对宗教没有一个统一的定义。宗教作为一种历史文化现象和民族文化中最具有价值色彩意义的成分，要对它进行分类是一件非常困难和复杂的事。长期以来，中外学者从地理学、语言学、进化论、现象学，或者从宗教构成的要素和历史形态进行分类，划分成原始宗教、古代宗教、历史宗教、氏族宗教、部落宗教、民族宗教、国家宗教、世界宗教；一神教、二神教、多神教；自然宗教（或自发性宗教、原生性宗教）和人为宗教（创生性宗教）等。每一个民族的历史上都曾有宗教信仰，而且作为民族精神中的核心因素，造就或制约民族政治思想文化，构筑和维系民族性格，体现和保持民族传统，决定或影响民族价值观念和思维方式。[②] 藏民族也不例外，在其发展的每一个历史阶段都深受宗教影响，宗教生活几乎作为每个人人生的重要部分。藏族地区现行的宗教有佛教、苯教、伊斯兰教、天主教和民间宗教等，属于原生性宗教和创生性宗教两大形态。藏传佛教、苯教和民间宗教是藏族的传统宗教，长期以来影响着人们社会生活的方方面面。

---

① 《马克思恩格斯选集》第四卷，北京：人民出版社，1972 年，第 219～220 页。

② 孙雄著《圣俗之间——宗教与社会发展互动关系研究》，哈尔滨：黑龙江人民出版社，2006 年，第 242 页。

（一）藏族的原始宗教和苯教

考察藏族文化的发展历史，在其发展的每一个阶段都有宗教形态存在，从原始宗教到雍仲苯教，再到藏传佛教。苯教包括原始宗教，是代表藏族精神文化的原创性，它与外来的佛教文化经过长期的斗争逐渐并存而相融，共同构成了藏族传统文化的基本框架，成了长期以来维护这个民族的主要社会意识形态，推动藏族文化的发展。

苯教是一种多神宗教，对于它的性质，学术界根据其形成的时间和所具有的原始文化特性，笼统地称为原始宗教。从宗教发生学的角度看，现在我们所说的苯教已经是系统化、理论化了的宗教，它既不是典型的原生性宗教，也非典型的创生性宗教，而是介于两者之间的一种宗教形态。或者说，苯教具有原生性和创生性两大宗教形态的共同特点，尤其是现行苯教的理论思想来自佛教。如果相对于原始宗教来说，苯教是创生性宗教，就藏传佛教而言，它又是原生性宗教。辛绕米沃且被尊为教主或创始人，但谁也说不清楚他的真实情况，苯教文献把他描绘成为一个神话式人物，在四大尊神中位居第四，为世间导师、救世主，他以数万个化身教化不同的地域；他有数十位妻子，儿女们个个精通法术。从这方面看，他像是一位由苯教信徒虚构出来的人物或神灵。实际上是一位氏族或部落头人兼巫师，即上天神授的、具有各种超自然力量的圣哲，为神的后裔，创教时间十分模糊。

既然苯教有创始人，也有非常模糊的创教时间，那么在它之前肯定有另外一种宗教形态——原始宗教，或原始苯教。辛绕米沃且是在改革原始宗教的基础上创立了史书所说的“雍仲苯教”或系统苯教。对于原始宗教人们已经有比较清楚的认识，“顾名思义就是原始人类对某些超人间、超自然力量的信仰、活动及其相应的制度和组织。”[①]原始宗教产生于社会生产力发展水平十分低下、人类的理性思维尚不发达的时代，是原始人类把自然力和自然物逐步神秘化和神化的结果。

---

① 张践著《宗教·政治·民族》，北京：中国社会科学出版社，2005年，第146页。

费尔巴哈曾概括说："自然是宗教最初的、原始的对象，这一点是一切宗教，一切民族的历史充分证明了的"。[1] 詹姆斯·佛雷泽也说："宗教被认为是一种超人的控制自然或人类生命发展进程的安慰和调解力量"。藏族先民生活在高山峡谷、雪山连绵、环境恶劣的地域内，时常面对着各种自然灾害和许多突如其来、不可理解的现象。如雷电、风雨、雪崩、昼夜、梦境、疾病、死亡等现象，使人感到恐惧和神秘。这样，在他们的头脑中朦胧地意识到一种超越自身的力量，幻想着有一种具有无比威力的"神"，在主宰和影响着自己的生活，操纵着宇宙间的一切。这些神，触之逆之则降以灾害祸殃，媚之拜之则赐以赦宥庇佑，于是产生恐怖和畏惧的情感。"这些最初的宗教情感，就是原始宗教中对风雨、雷电、山川、河流、动物、植物的自然崇拜。"[2]或者说崇拜对人的生存有极大影响的自然物。在藏族先民看来，世界万物有一种超越自身外部形体的精灵存在，自然界的变化现象是精灵作用的结果，周围的高山、湖泊几乎都是神山神湖，有神灵栖息在其中。这些崇拜对象"在不断取得超自然能力的同时，越来越具有人格意志的能力，并取得人的形象。"[3]如念青唐古拉山被神化为藏族地区的统治者，他身着白衣，头缠白巾，两手分别拿着马鞭和短剑，骑着白马，其他 360 座山峰为其随从；南部的雅拉香波山神被描绘成白海螺形象，身着白衣，手执短矛和水晶剑，专供司水。甚至田野的白石头也有灵性，被奉为庄稼的保护神。拉萨地区称白石头为"阿妈鲁莫杰姆"或"阿妈色多"，意为"龙王妈妈"或"金石头妈妈"，被看成是龙女或神女的化身，每年有固定日期祭拜，春播时把它从家里拿出来安放在田野的最高处，秋收时用彩色藏毯抱好送回家，供放在"央岗"（吉祥箱）里，庄稼收成好坏直接与"金石头妈妈"有关。这些都是原始人的一种宗教意识，反映了藏族先民的社会经济生活、物质生产的方式。从中可以发现，原始人

---

① 《费尔巴哈哲学著作选集》下卷，上海：三联书店 1962 年，第 436～437 页。

② 张践著《宗教·政治·民族》，北京：中国科学出版社，2004 年，第 147 页。

③ 罗竹风主编《宗教学概论》，上海：华东师范大学出版社，1996 年，第 78 页。

总是将一些与自己的氏族部落息息相关的自然物和动植物视为崇拜物。

形成于自然崇拜基础上的图腾崇拜和鬼神崇拜也是早期的两种宗教观念，标志着人们的思维从不自觉向自觉转变的开始。如"猕猴崇拜""羊崇拜""牦牛崇拜""龙神崇拜"等，尽管它们没有成为藏民族的共同图腾，但在特定的历史时期有过兴盛，被某些氏族或部落作为图腾加以崇拜。按照涂尔干的观点，图腾是氏族部落的旗帜和符号。总之，原始宗教的最大特点是自然崇拜，或者说对大自然的崇拜是原始宗教最早的一种崇拜形式。它把自然界中的一切现象，如日月、山川、河流、树木以及昼夜的更替、气候的变化、动植物的繁衍等都加以神化。它没有庙宇和神像，人们通常到他们认为神灵所在的地方去祭祀，崇拜的对象仍在自然物自身的形式中，尚未形成人格化的变形。而且只有宗教仪式，没有教义。孙雄认为，原始宗教的特点概括为四点：一是自发性和朴素性；二是整体性和排他性；三是制度化和约束性；四是现实性和功利性。[①] 汤因比在谈到原始宗教与高级宗教的区别时说："原始宗教的精髓不是信仰，而是行动；信奉的判断标准，不是同意信条，而是参加祭祀行为"。[②] 陈荣富在其《比较宗教学》中总结说原始宗教的基本特征有五点：原始宗教产生于生产力水平低下，人类的理智思维不发达，原始人在与自然作斗争中产生的恐惧感、依赖感和神秘感；原始宗教以某种、某些自然物自然力为崇拜对象；原始宗教的功能主要作用与人与自然之间，解决人与自然之间的矛盾；原始宗教所崇拜的神灵是一律平等；原始宗教是自发产生的全民信仰的宗教，宗教信仰与氏族社会合二为一，信仰内容与整个社会意识形态浑然一体。（世界知识出版社 1993 年版）藏族原始宗教的基本特征表现在以万物有灵为主要形式的自然崇拜观念、与生产生活密切相关的动物崇拜观念和强烈的巫术意识。《西藏原始艺术》说："山神崇拜可以代表西藏原始宗教信仰的早期特征，就在于它不仅反映了早期先民生

① 孙雄著《圣俗之间》，哈尔滨：黑龙江人民出版社，2006 年，第 64～65 页。

② 《历史研究》下册，上海：上海人民出版社 1964 年，第 115 页。

产、生活方式对自然的极大依赖性，同时在关于山神崇拜的神话传说中还掩藏着与古老的狩猎游牧生产相适应的思维模式”。

雍仲苯教[①]不同于原始宗教，它是从原始宗教衍化而成的，是一个不断吸收周围地区的原始巫术脱胎于原始宗教而形成的一种过渡宗教。它有创始人和经典教义、教理、教规、仪式、庙宇等，而且有自己信仰的主神，神灵之间除了有高低贵贱之分外，地域保护神不断出现，宗教职业者逐渐增多，并拥有诸多特权，是一种阶级宗教。除了信仰万物有灵，雍仲苯教也带有阶级社会等级伦理色彩，具有二重性，即原始性和创生性（或自然性与人为性）。受祖先或英雄崇拜影响而出现的“穆神”和“恰神”是将氏族神化的结果，如把穆氏族称为“穆神”，穆神之绳即是天赤七王的“攀天光绳”或占卜神祇的绳子。“恰神”是对恰氏族的神称。一般父系亲属由恰神所代表，穆神代表母系亲属。创立于这种原始宗教观念基础上的系统苯教（雍仲苯教），在宗教观念方面没有与原始宗教或原始苯教发生根本的断裂，它的信仰仍然表现出多神性的特点。《新唐书·吐蕃传》记载说吐蕃“重鬼右巫”。从宗教类型上看，苯教属于传统巫教一类，它的宗教观念以自然崇拜和鬼神崇拜为主，主张“万物有灵”。苯教经典《十万龙经》记载，“念神”是苯教主要的崇拜神，包括天地间的太阳神、月神、星神、云神、虹神、风神、地神、雪神、海神、崖神、木神、水神、石神等。念神（或年神）是一种在山岭沟谷中游荡，在石缝、森林中安家的神，主管阴、晴、雪、雨、风、云、雷电，掌握着人类生存空间的生杀大权，发怒时向人间制造各种瘟疫。传说莲花生大师进藏途中受到来自苯教诸多神灵的阻拦，念青唐古拉山神和雅拉香波山神怒施法术，雷击布达拉宫，水冲旁塘宫，制造了一系列自然灾害，并使人畜患染瘟疫。“念神”是暴烈之神，性格喜怒无常，感情用事，高山峡谷是它的主要活动场所。在苯教看来，天空的太阳神、月神、星神、云神、虹神等属于白念神（善神），而地神、雪神、山神、海神、木神、水神等则是黑念神（恶神）。

---

① 汤因比在学术界研究认为，“雍仲”符号含有“光明”、“坚固”等意思，它的形状是仿太阳的光芒画出来的，作为宗教的标志是太阳与火的象征。

苯教的神灵世界中还有下界的龙神(鲁神)和土地神。龙神是控制地脉系统的神,性格阴柔过敏,行踪无常,掌管着地表上的山峦、湖泊、河流、地气、虫木、走兽等。人畜能否平安,草木能否兴旺,山地能否震裂,瘟疫能否流行,全凭龙神的兴趣和喜怒。神有善恶之分,善神能保佑人的寿命,而恶鬼则是人生命的主宰,能将死人的灵魂带走,且能危害后代。所以,对神要祭祀,对鬼要驱赶。因此,形成了各种仪式,即祭祀神灵的活动,设祭坛,拜神灵,念诵祷词,卜卦象,问吉凶,驱鬼禳灾,除病求安等。尤其实行“血祭”,用动物的血肉献祭鬼神。《空行母益西措杰传》记载,秋季举行“牡鹿孤角”祭,即将 1000 只牡鹿一起砍下头颅,用它们的血肉做祭;冬季进行“苯教血肉供”,一起杀牡牦牛、牡绵羊、牡山羊各 3000 只;春季进行“牡鹿截胫供”,将 4 只牡鹿杀死,用血肉献祭;夏季进行“苯教祖师焚香供”。用这些特殊的仪式来建立和维持人神之间的社会关系,强化信仰。在西藏阿里日土县考古发现的仁姆栋岩画就反映了苯教“血祭”的宏大场面,画中 9 排横列 125 只羊头是“血祭”的牺牲,另有用来盛血或酒的祭器陶罐。岩画上组右侧最高处为一匹马,其左下方为一头牦牛;左侧线刻两人,一人着长袍分腿站立,右手叉腰,左手执一长杆,身背一物,另一人骑在羊上,右手叉腰,左手执一长杆,下方自左至右刻有月亮、太阳和男女生殖器;下组刻有人、鱼和陶罐。右边的一条大鱼首尾相接呈圆形,腹内孕有 10 条小鱼。大鱼左下方刻有四个戴鸟首形面具的人正在舞蹈,周围刻有 3 条小鱼。据考古研究认为,周围的日、月、雍仲符号、鱼、男性生殖器图画被视为诸神,鸟首人身的舞人可能是巫师,表现的是祈求人畜兴旺而进行祭祀的场面。《新唐书·吐蕃传》载:“赞普与其臣岁一小盟,用羊、犬、猴为牲;三岁一大盟,夜肴诸坛,用人、马、牛、闾为牲。凡牲必折足裂肠陈于前,使巫告神曰:‘渝盟者有如牲’。”[①]盟誓是藏族传统的一种习俗,它的起源跟神灵祭祀有关,“祭祀就要集会,集会就要盟誓”。史料记载,辛绕米沃且创立雍仲苯教之前,有“赞苯”(信“精灵”)和“笃苯”(信魔者)等几种不同的“苯”,他们大肆杀害异类

① 《新唐书·吐蕃传》卷二一六上。

生命，举行“血祭”。辛绕米沃且禁止这种恶习，提倡以模型或糌粑等作祭品代替“血祭”。

据《十万龙经》记载，苯教的神灵在发展过程中升华为人格化的神，他们的形象各异，有马首人身、狮首人身、蛇首人身、虎首人身、熊首人身、龙首人身、羊首人身、牛首人身、猪首人身、鹿首人身、蛙首人身、龟首人身等。社会的发展使神灵从氏族神逐渐变为部落及部落联盟乃至民族之神，社会属性大大增强，等级差别明显，神统和权威日益突出。部落首领把自己的祖先和天神联系起来，从而使他们有神圣的血统和权威，出现了世袭的神圣家族。如萨迦昆氏家族和帕竹政权的朗氏家族在追宗求源时都把本家族与天神联系起来，反映了苯教人类起源中卵变神、神变人的思想。从文化层面来说，苯教的神灵文化太赋有神秘性、现实性和实用性，“许多灵魂寄存物从神化和史诗中走进现实”，随着时间的推移，人们自觉或不自觉地将灵魂寄存处赋予自己身边的山川湖泊，甚至人，神的灵性在人身上充分体现出来，神完全被人格化。

苯教的发展从内容方面分为三个时期，第一个时期“笃苯”，意为涌现苯或附体苯，是西藏进入父系氏族社会以后的原始苯；第二个时期“恰苯”，即游走苯或外来苯。在原始苯的基础上吸收了来自迦湿弥罗、勃律、象雄（羊同）的巫师所宣传的火神法、占卜和殡葬法，结束了原始苯只重巫术而没有宗教理论的历史。杀牲献祭、祈福禳灾为恰苯的特点。笃苯和恰苯都崇拜一切自然物，包括天地、山川、日月、星辰等；崇拜羊、牦牛、犬等动物；实行用血肉献祭；崇拜天神鬼魂，敬重巫师。第三个时期“觉苯”，意为“翻译苯”或“改易苯”。佛教传入后，苯教为了自身的生存和发展而将佛教经典改译为苯教经典，逐渐形成了苯教的《甘珠尔》和《丹珠尔》。

苯教的教义包括四门（白水、黑水、彭域、邦赛）一库（顶点—修行方法）和九乘。白水苯主要反映神秘教义和咒语；黑水苯主要讲仪轨；彭域苯讲戒律戒规；邦赛苯讲修行。九乘之“恰辛乘”（占卜乘）内容涉及以酒肉等食物祭神的360种仪轨和84000种巫师活动方式。据古藏文文献记载，苯教占卜形式有骨卜、鸟卜、梦卜、线卜、鼓卜和箭卜等。“囊辛乘”(现象乘)以招财祈福、祈祷人财两旺为主要内容。在进行宗教活动时,负责祭坛法场的巫师头戴一顶羊毛缨子,骑着刺柏木制成的鼓在空中飞翔,做一些有关幸运吉祥、招财纳福方面的仪轨。“楚辛乘”(神幻苯)专事巫术,通过一些仪式送鬼禳灾,排除威胁人类的各种障碍和磨难。“斯辛乘”(世间乘)以殡葬仪式为主要内容,即通过一系列仪式保护生者,为死者招魂。上述四乘通称为“四因乘”或“四身乘”,相当于苯教三个发展阶段中的笃苯和恰苯两个阶段的内容,突出了禳解灾祸、祛除病邪、祭祀求福、丧葬诵咒等原始苯教的特点。

第五乘“格年乘”,即居士乘,通过宗教仪式积德消灾,修证“人无我”法。

第六乘“章松乘”,意为“仙人乘”,主要讲雍仲法中的“人无我”和“法无我”两种法。

第七乘“阿噶乘”,主要讲诸法无自性,在进行宗教活动时用九个容器和九种朵玛向诸神献祭。

第八乘“叶辛乘”,以空智无二为基本思想。这四乘通称为“四果乘”。

第九乘为“无上乘”,即苯教大圆满法。

苯教有较为完整的神统世系和宇宙起源论,如“卵变世界”“龙变世界”等,把神祇、君王、人类的本源作为一种空的潜在性的固有状态,从动物中去寻求宇宙的本源。光明与黑暗、白与黑、善与恶、神与鬼、现实世界与虚幻世界、创造与毁灭等二重性构成了苯教教义的根本内容。

总而言之,苯教文化只是一种与低下的社会生产力水平和分散的部落社会结构相适应的文化,社会的进步使它面临来自多方面的挑战,这就需要根据时代的要求重新阐释宗教信仰的意义,论证教义的合理性,使之适应变化了的理论条件。如直贡赞普的“排苯”实为对苯教所做的适应化的调整,使之理论更加完备,更加适应社会发展,也使本地宗教借助外来的宗教理论而获得更大发展。作为泛神教,苯教在藏族早期历史中已经和各部落的统治融为一体。从宗教关系学上说,现在我们所说的苯教已经是兼综百家、在原始苯的基础上吸收了周邻地区多种文化的一种宗教形态。吐蕃王朝以后，苯教实行“拿来主义”，一方面抵制佛教，一方面又吸收佛教思想，将大量的佛教经典改译改造成苯教经书，吸收了佛教的教理思想、仪式，建立了自己系统的思想理论体系。

(二)藏传佛教

佛教是一种世界性的创生性宗教，它是恰逢统一的吐蕃王朝建立，苯教思想陈旧落后，内容单调，祭祀仪式繁琐而铺张，又不能适应复杂的社会环境和社会需要之际而传入西藏的，填补了因苯教的现实指向和粗俗鄙陋所留下的精神空间，符合新兴的统治阶级的利益。佛教初传西藏，受到了苯教的强烈抵制。相传赤尊公主和文成公主进藏，带去了释迦牟尼八岁和十二岁等身佛像以及不少佛经，建大小昭寺安放。但是，大昭寺在建筑过程中白天砌筑的寺墙，晚上便被魔鬼破坏。最后由文成公主勘舆，发现建寺的地点为魔女的心脏，于是用一些宗教仪式进行禳解，用山羊驮土填满卧塘湖，才使寺庙建成。赤德祖赞执政后期，佛教和苯教的斗争加剧，苯教势力极力阻挠佛教传播，来自唐朝的和尚与西域的避难僧人被驱逐出境。赤松德赞执掌朝政后，延请印度高僧寂护来藏传法，“但他的显教理论却无法冲破苯教势力的防线”而被送回印度。不久，他和妹夫莲花生大师再次入藏，用与苯教巫术相似的密教法术和超自然的力量去对付、克制并战胜苯教的低级巫术，通过特别的仪式、法器和咒禁等舒减心理危机。同时在赞普的亲自主持下，组织佛苯进行辩论，以寂护为代表的佛教僧人运用佛教自身的思想优势与理论思辨上的优势，超越了苯教的弱点而承担起为统治阶级服务和深化西藏宗教的历史使命。又因为佛教的内容丰富，教义有比较明显的针对性，它的说教适应了各阶层人希求摆脱精神的和物质的痛苦的需要。同时，佛教又得到统治者的大力支持。公元 11 世纪，伴随着西藏封建农奴制度的初步建立，佛教和苯教相互融合，深入民间并作为精神慰藉品被广大民众所接受，得到了长足的发展。佛教典籍被大批的、高质量地翻译过来，其因果报应的思想吸引了众多生活在社会底层的信徒。大小地方势力与宗教势力密切结合，并以宗教领袖世俗“助手”及保护人的身份参与建寺修庙，因此形成了大型教团，宗派应运而生，形成了独具藏民族文化特色的藏传佛教。从此经过200多年的诠释与发展，15世纪初经宗喀巴的改革创立了格鲁派，严格了藏传佛教的修习次第，强调了戒律的严肃性和在修法过程中的基础作用，保持了佛教在广大信徒心中的神圣和庄严，确立了宗教文化在藏族传统文化中的主体地位，完成了藏传佛教的最终面貌。他的改革使宗教生活与世俗生活融为一体，使日常生活更具神圣性。

藏传佛教作为佛教的一个分支，既是创生性宗教或人为宗教，也是民族宗教。它所倡导的基本理念是淡视人生，不为世间的功名利禄所累，以实现精神上的超越和升华；它强调“一切皆苦”，认为人们的欲望是痛苦和烦恼的根源，只有消除了物质欲望才能灭除烦恼，实现精神上的自由而得到解脱。由于依据的经籍不同，主张的教法不同，所恪守的戒律不同和所崇拜的领袖不同，以及其他方面的因素而出现了众多宗派。每一个教派和学派确定各自所依据的主要经典，所尊奉的师承，所供养的本尊，所奉行的教义教理及修行方法。他们的主要分歧不仅表现在某些祈祷方式和对经典的诠释上，而且也表现在密法修持方面，即运用不同的方法，根据不同的经典，基于不同的理论去指导修证佛法，以悟达诸法性空而得佛果。

宁玛派是后弘期初期（约11世纪）形成的宗派之一，它传承了吐蕃时期的大圆满密法，在传法过程中采取了与苯教合作的方式，吸收了苯教的一些咒语、仪式和神祇，具有鲜明的本土色彩。该派主张“心性本净”，是一切现象为本心的妙用，心与妙用皆空。并且从绝对与相对、有限与无限的角度把人的本净之心提高到宇宙高度去论证。同时平等地看待现分与明分，肯定心性之光明在成佛中的决定作用。体性本净，佛心即众生心，众生与佛只是迷和悟的差别，只要众生明了一切境相是心，不执不取便是佛。佛性是佛的本能，不是本体，亦非实体，只是由心识功能所显的相状（境相）而已。这种观点，把佛性（如来藏）拉回到现实世界的人的心中，不承认在人心之外还有什么佛的存在，否认了佛的彼岸性，把现实成佛的途径全部转移到对自心觉悟上来，即把外向的佛变成了内心的佛，强调了主观能动性的巨大作用，肯定了自己存在的价值。

噶当派是由阿底峡奠基，仲敦巴·嘉瓦窘乃创立的。该派坚持以戒为基础，定慧为修证手段，以及佛法的系统性与完整性，把一切经论作为修行成佛的依据和方法。道次第思想与菩提心法相结合的思想为噶当派的基本思想，解决了观与行或见与行的矛盾。

萨迦派是由昆氏家族创立并经营的大型宗派，在管理方面采取了家族内部父子或叔侄相承的世袭制，组成了以昆氏家族为中心的僧伽组织。元朝时期，萨迦派代表元中央政府统治西藏十三万户，为祖国的统一事业做出了巨大贡献。萨迦派以"道果"教授为核心教法，坚持"明空无执"和"生死涅槃无别"。一心为本，"心性光明"是生死涅槃的根本。心性，指本性，"明"是心的本质。心的本质不仅是纯净的，它能显现一切外境，是万物的本源。如果认识了心的本质，就能把握心性与佛性、主观与客观的一体关系。然而，由于心性被无明习气所污染，无法认识"心性光明"这个最高真理。把握好心识与外境、主客观一体的关系，认识一切现象是心识所现，离开了心识就谈不上客观外境，只有否定了客观存在，也就破除了障碍，心性才能明净。

噶举派分香巴噶举派和达波噶举派，两派的思想源自同一个师承，侧重点相异。香巴噶举派的创始人是西藏琼波家族的南觉巴，活动中心在今南木林(古称"香")地区，迄 14 世纪这一派的传承基本中断。达波噶举派的奠基人是玛尔巴和米拉日巴师徒二人，创始人是米拉日巴的嫡传弟子达波拉杰索南仁青。从达波拉杰的弟子开始分出噶玛噶举、帕竹噶举、蔡巴噶举和拔绒噶举四大支派。从帕竹噶举分出止贡噶举、达隆噶举、主巴噶举、雅桑噶举、超浦噶举、修赛噶举、叶巴噶举及玛尔仓噶举等八小支派。"大手印教授"是噶举派的主修教法，分显教大手印和密教大手印两种。显教大手印是达波拉杰根据米拉日巴所传的方便道教授，结合噶当派的道次第法而提出来的，重点在理论方面，以讨论佛性为主。达波拉杰认为"心不散乱，专注所缘境而修慧，以慧证达诸法性空"。从佛性上讲，心本来是活泼的，不能用

“止”去约束它，也不能用“观”慧去求证，要证悟明空本性，指出平常心，即是道。所谓的平常心，是显而空，空而显，空显（空明）一体。这种心凭内证智自己觉知。空是体，明是用，明空一体，即是众生心，也是佛性。

觉囊派也是一个比较重要的教派，但由于它所坚持的“中观他空”见，常被忽视或遭到指责，甚至学界的一部分人不把觉囊派作为佛教的宗派看待。觉囊派自称为“大中观派”，认为诸法从主观上完成的是“自空”，它通过人的错误认识和分析把本来存在的事物现象说成空，否定其绝对独立的实体。由于主观认识上的错误把世俗诸法说成空，但是胜义法性任何时候都不能因错误的主观认识而成为空，而是在一切究竟本质绝对没有发生变化的本色存在着能执、所执他世俗的错误言论，这就是“他空”。或者说，无物空和有物空属于世俗谛，都无自体，这是自空，属“空”；胜义空，属于胜义谛自体不空，而是“他空”，属“有”。凡是缘起性空之有为法是自空，非缘生之无为法是他空。可知物是不存在的，而唯一存在物被称为“真如本质”（如来教义、本性）或胜义谛。空是心的存在本身，光明是语言，空明二者的统一是“觉”（心）。世界是不真实的，事物尽是一些现象，而现象只是由心造成的，冥想者和被冥想物只是思想的一种发光特征。① “他空”是胜义有，即自心本性如来藏。

格鲁派是藏传佛教史上最后形成的一个宗派，创始人宗喀巴是一位冷静的、现实的、令人敬仰的思想家。他以中观学说的抽象思辨作为理论基础，凭着自己的思想魅力，以忠诚的护法精神，严格信守佛教的经律论三藏，大胆地在宗教内部进行革命，清理宗教内部的积弊和污垢，保持宗教与教徒的本色，从而使藏传佛教从较为衰微的状况中振作起来。格鲁派倡导“缘起自性空”，“空”为缘起的本质，非缘起的作用，认为一切事物没有不变的本质，没有永恒的存在，而只是相对的存在。缘起与自性空是一种相对、相辅相成的关系，既可以作为条件，也可以成为结果。既然一切事物与现象没有发生、发展和消亡的能

---

① 谈锡永著《大中观论集》上，香港密乘佛学会，1998年。

力，之所以存在是因为一切都是“假名”，意思是用世俗语言表述的一切事物，从实质上讲空无自性，佛所说的一切都是为了教化众生的需要假设施于名言之上的名言之有或施设之有，“名言”本身空无自性。如果从二谛讲，世俗谛是指世俗人因无明所弊把缘起条件下存在的虚幻不实的事物现象看成是实际存在，而胜义谛是以缘起性空的道理为真实的，两者相辅相成，是一种相对、相互依存的关系。所以，格鲁派在反对众生皆有佛性的过程中，着重探讨“缘起”与“性空”之间的相融性，即胜义谛与世俗谛之间的相融性。这也是藏传佛教诸派所探讨争论的主要问题，直到格鲁派才告终结。

（三）民间宗教

苯教和藏传佛教之外，藏族和藏族聚居地区的其他少数民族还信仰民间宗教，这种宗教是以原始宗教中的“万物有灵”和“多神崇拜”为信仰基础，同时又糅进了传统的苯教和藏传佛教的许多内容，成为一种有别于苯教和佛教的宗教文化形式。与其他民族或地区的民间宗教不同的是，藏族地区的民间宗教其宗教仪式或祭祀仪式除了由巫师主持进行外，有时也由苯教僧和佛教僧参与做法事。所以，群众没有严格的教派和宗教形态观念，对他们来说只要是宗教不管哪种类型的宗教都应该去信仰，它帮助解决问题的能力和给与慰藉的功效都一样。意大利藏学家图齐指出：“西藏的民间宗教并不仅限于神话、仪轨或对待我们已提到的守护神的虔诚态度。他也是宇宙起源论和宇宙论传说、特定的集团和家族世系传说、巫教和驱魔仪轨、民间的格言智慧的协调行为”。[①] 图齐和海西希在《西藏和蒙古的宗教》一书中这样说：对于藏族民间宗教来说“不可能表现出一种一致的特征。它受到了地理特点、种类纷繁的生活方式（它们一方面与牧业有关，另一方面又与农业相联系；一方面与游牧生活有关，另一方面又与定居生活有关，而且也有原始狩猎生活的古老反映）的支配；它也与部落传说有密

---

① 图齐著，耿升译《西藏宗教之旅》，北京：中国藏学出版社，1999 年，第 260 页。

切的联系，这些传说在向后代传播时保留了最古老的时代的遗产”。(耿升译，天津古籍出版社 1989 年版，第 216 页)这种宗教在发展过程中受到了其他宗教的影响，保留了其中所包括的多样性和独特内容。在形式上，表现出了一种宗教和巫术的遗痕，结构上则采取了仪轨、信仰、口头传说和传说记述。

生活在西藏的珞巴族、门巴族和僜人有类似于藏族的宗教信仰。珞巴族相信“万物有灵”和“灵魂不灭”，保持着自然崇拜、图腾崇拜、祖先—英雄崇拜等原始宗教观念。“乌佑”是鬼、神、灵的一个集合体，有善恶之分，其种类繁多，无处不在。鬼魂和灵魂是一体的，人活着时拥有灵魂，死后灵魂就变成鬼魂。他们的巫师“米吉”(卦师)、“纽布”(巫师)作为人与鬼对话的桥梁，采取以杀鸡看胆预测吉凶。[①] 门巴族则信仰苯教和藏传佛教兼容的一种复合型宗教，在日常生活中占支配地位的是图腾崇拜，佛教寺院的喇嘛和巫师可以互换角色，有的巫师进寺院当喇嘛习经，有的喇嘛也可以在社会上充当巫师为群众祈神驱鬼，招福纳财，做法事活动。门巴族以祭祀自然神来降魔的创世神话反映了他们早期的宗教观念。《阿拉卡教父子》中这样说：鸟象征人间，大鹏象征神的力量，妖怪象征灾难。阿拉卡教父子三人和鸟生活在林中，有一天妖怪突然来临，大鹏神来降魔，不断地向妖怪抛撒沙子，并用铁盘子击打妖怪。在祭祀仪式中，巫师或僧人一般念诵祭鹿、祭湖、祭土地神、祭水龙神和祭护法神的神文《夏索》、《错索》、《赞索》、《鲁索》和《吉索》。

聚居在西藏察隅县的僜人有自己的语言，他们崇拜鬼神，相信灵魂不灭。认为生死不送鬼，人会死光的；飞禽走兽和家禽被杀死以后，灵魂仍然存在。因此，猎获的野兽和宰杀的家畜，它们的头骨不能丢弃，而要挂在内室。“在僜人看来，山坡上也有鬼的存在，所以荒地不

---

① 冀文正著《珞巴族风情录》，成都：成都时代出版社，2002 年。龚锐、晋美主编《中国民族村案调查：珞巴族》，昆明：云南大学出版社，2004 年。

能多开”,[1]开多了容易触怒山坡上的鬼。

总之,可以说藏民族所信仰的宗教既有原生性宗教,也有创生性宗教,两种文化类型作为主导型的意识形态,在藏民族社会中发挥着重大作用。

二、藏族宗教文化的演变过程

苯教和藏传佛教代表了藏族所信仰的两大宗教文化类型。苯教是在原始信仰的基础上,吸收外来宗教文化而建立起来的一种“入世性”的宗教。按照传统说法,辛绕米沃且在传教过程中,逐渐形成了一套相应的咒语、占卜等宗教仪式和简单的教轨教理,把原始苯教向前推进了一大步。其后,苯教沿雅鲁藏布江由西向东传播,在雅隆悉补野部落联盟和在此基础上建立的吐蕃王朝发挥着不可替代的作用。图齐说:苯教是“在神统世系、宇宙起源论、世系谱和驱逐与有矛盾的或敌对的神灵之间变化的,他同时保护生者和死者的殡葬仪轨的保护,占卜术与其中起突出作用”。[2] 苯教是佛教传入之前藏族所信仰的一种古老宗教或原始宗教,也是藏民族宗教文化的源头,它对藏族文化历史发展的走向具有奠基与导向作用。

苯教的思维特征是“以投射—幻化方式将自然物为主的万物人格化,形成了自然崇拜、万物有灵的宗教观点,是以主客体互渗为主要特征的原始思维”。[3] 直观地把自然现象产生的原因理解为精灵和灵魂的存在,依托各种神灵来解决心灵痛苦,寻求心理平衡,处理人与自然和人与社会之间的关系。所以,苯教同样涉及人生观、宇宙观、伦理观

---

① 张江华著“僜人的原始宗教及其社会影响”,《西藏民族学院学报》,1989年第2期。

② 图齐著,耿升译《西藏宗教之旅》,北京:中国藏学出版社,1999年,第342页。

③ 江巴吉才、潘建生著“藏族传统思维方式初探”,《西藏研究》,1992年第1期,第67页。

和认识论等方面的哲学领域。苯教的宇宙观认为，创世之初整个宇宙是一片无边无际混沌相合的虚空，所有生灵在空中逐渐形成，光芒和光线在生灵中出现，前者为父，后者为母，在两者中出现昏暗与黑暗，随后出现气息般的微风，气息中出现白色冰霜，从中出现露珠，冰霜和露珠结合产生池塘。池塘上形成一层薄膜滚成一个卵，卵中孵出黑白两只鹰，两鹰交合生出白、黑、花三个卵，从白卵中产生天神（或世间神），从黑卵形成人类（或粗狂的黑人），从花卵形成众神灵（或祈祷者）。世间神创造了世界，恰神、穆神从世间神右边的绿松耳石和左边的宝石中产生。这则故事出自苯教经典《斯巴佐普》，即是赤杰曲巴法师用五种本原物质创造世界的"卵变世界"，也是苯教最具特色或独有的。

另外，还有一则故事说：传说在日月星辰和季节出现前，有一个叫央塔杰布的神，从他体内生出一个黑头人涅瓦纳布，从其生出恶魔、雷电等，并引起火灾、水灾、风灾和多种疾病，也产生了人类的不和与愤恨。同时，在央塔杰布身上产生一个白人，即光明人，他创造了太阳和月亮等。"世界受一种宇宙起源论主要内容的控制，这就是：神祇、世系首领和人类神族的起源问题，他们均出自一种比较混乱的固有状态，即一种空的潜在性之故有状态，最早的卵都直接或间接地出自这种状态，由此而出现的生命或于其中诞生的生灵要求世界以其多种形式存在"。[①] 总之，宇宙起源说是：空、宇宙、神、人类，即空中产生宇宙，宇宙中出现神，神创造了人类。这种从自然物本身出发解释自然的神话，摆脱了超自然的因素，充分说明了宇宙的自然发生论，反映了藏族先民认识自然的直观特点和形象思维。并且苯教的宇宙起源论将光明与黑暗引伸到物质世界的运动和人类思想行为中，以光明代表美德、善事，黑暗代表凶恶、灾难，从中可以看到苯教善恶分明的伦理观。

苯教认为，神有善神和恶神之分，神创造的人也有善恶之别，因此人具有双重性，即善与恶并存。众生的生命是苦的，"一切万物都是变

---

① 图齐著，耿升译《西藏宗教之旅》，北京：中国藏学出版社，1999年，第327页。

迁不息的、无常的，处处是苦海，由于众生不能自我主宰，故为无常所累，因此没有安乐，只有痛苦”。人的生死安乐（命运）掌握在神鬼手中，神对人有赐予，也有索取，人对神必须祭祀，使神欢喜。这就是苯教解脱痛苦的方法，也是积极向上、乐观、入世的人生观。

苯教的灵魂观是一种万物有灵的信仰，即灵魂不灭论和以此为基础的灵魂外寄论。对这些有灵性的自然诸神的祭祀，早期多用活动物，后来这种用活动物祭祀的做法得到改革，而采用一些替代物来祭祀。从这方面来说，它（神灵观）从氏族宗教到部落和部落联盟宗教，直到民族宗教有一定的发展变化，神灵世界由分散的多神信仰向结构化方向演进，在地方神灵日益突现的同时，原来的自然神灵的社会属性有所增强；部落时期过去的自然神变为部落地域的保护神，而神的等级随社会成员的等级而出现高低优劣之分，特权阶层控制宗教活动，使家族有神圣的血统和权威。[①]

苯教毕竟是一种具有原始巫教性质的多元性宗教，缺乏完整的理论，佛教传入后在形式和内容上对苯教产生了很大影响，苯教将佛教大量的经典改译成苯教经典，建立了比较系统的思想理论，反映了苯教多元兼容的文化性格。土观·洛桑曲杰尼玛总结说：苯教发展到“觉苯”时期，有不少苯教法师学习佛法，并将一些佛典改译成苯典。“自从朗达玛灭佛以后，后藏娘堆地方有一人名为辛古鲁迦，在卫部苯教的胜地达域卓拉，将大量佛经改为苯教经典。如将《广品般若》改为《康勤》，《般若两万五千颂》改为《康穷》，《瑜伽师地抉择分》改为《苯经》，《五部大陀罗尼》改为《白黑龙经》。别立不同的名相及诠释，标其异于佛教……辛古之后又有琼波苯教徒等人，亦改窜了不少佛经”。（《宗教流派镜史》）苯教在没有改变自己基本信仰的情况下，在思想理论上靠向佛教，难怪有些人将苯教看成是佛教的一个支派。这就是苯教自止贡赞普时发生变化以后，再一次吸收外来宗教文化而发生的一次大变化，但这种变化并没有改变苯教的性格，而是变得更加丰满和完善，即使藏传佛教占据了社会意识形态的主导地位后，它仍然在藏

---

① 丹珠昂奔著《西藏文化发展史》上册，兰州：甘肃教育出版社，1997 年。

区的一些地方继续存在，并发挥着很大作用。

同样，苯教的神灵观和活动仪式对佛教也产生了较大影响，苯教的神灵变成了佛教的护法神，苯教的灵魂不灭、万物有灵、灵魂转移的观念同佛教的生死轮回等教义结合在一起，“来世”观念进入藏民族的思想之中。随着两教较量的增多和融合的加深，苯教的“入世”观念逐渐被佛教的“来世”思想所替代，佛教彼岸性心理和来世观念愈来愈得到强化。[①] 大批的佛教经典被翻译过来，其因果报应的思想和巫术化的密教法术吸引了众多生活在低层的信徒。寺院增加，僧尼人数增多，宗派相继形成，佛教在藏族文化土壤上深深地扎根，成了藏民族主导的意识形态。在哲学方面，佛教在尊重和接受藏族固有思想意识和哲学观的基础上，从吸收到补充和发展苯教哲学，将传统的宇宙本体论、人类起源论等一些重大哲学问题进行佛化改造，取代了藏族传统哲学而逐渐成为主流，赋予了更加浓厚的宗教色彩。“因为藏传佛教扎根于本地民间宗教的土壤而又带着浓烈的实践主义倾向，与世俗的社会生活制度相契合，演变成为一种全民普遍存在的生活方式，与民俗、社会人群早期自然崇拜的思维方式和中后期世俗生活的存在方式竞相融合”。[②] 因此，以佛教哲学为代表的藏族宗教哲学既不同于传统的苯教哲学思想，也不是对印度哲学思想的简单移植，而是广泛吸收印度佛教思想又摄取藏族固有的传统思想，经过长期的消化融合和理论再创造所形成的具有藏民族文化特色的哲学理论和价值观。

任何一种文化的发展演变或转型都是伴随着社会制度和经济形态的改变而进行的。在以苯教和藏传佛教为代表的藏族宗教文化发展演变的历史中发现，系统苯教（或雍仲苯教）的出现是第一次宗教文化融合，即原始文化向奴隶制文化的转型，也是本土原始宗教文化与外来的宗教文化第一次大规模的融汇的结果。藏传佛教文化是西藏社会从奴隶制社会向封建农奴制社会过渡的特定历史时期形成的，是

---

① 沈阳著“藏传佛教与藏民族精神浅探”，《青海民族学院学报》，1994 年第 3 期。

② 刘志群著“藏文化特性论探”，《西藏艺术研究》，2003 年第 2 期。

第二次宗教文化即苯教文化与佛教文化交流融合的结果。它经历了三个发展时期，第一个时期佛教针对苯教的信仰特点，吸收了苯教神秘主义的宗教意识和多神崇拜，并创造类似的神祇，构筑了适应吐蕃社会环境和民族心理特征的新型文化模式；第二个时期佛苯两种宗教文化结束冲突和交融后，基本确定了藏传佛教文化的特征和哲学思想；第三个时期，即格鲁派专权时期，宗教文化定型，即完成了宗教文化的建设，"使得藏族精神中的信仰压倒了理性，人们对宗教信仰程度愈深，其理论程度也就愈低"。佛苯两种文化的交流和演变是两种文化圈内的文化渗透现象，结果虽然苯教文化圈内的人接纳了佛教文化，但佛教文化并没有完全替代苯教文化，而是作为以苯教文化为基础的藏民族传统文化中的主导文化存在。这种在两种文化相互吸收融合过程中的自主选择使两种文化相互取长补短，实现了双向文化的交流，根本没有强制性因素。

从藏族文化形态的转变可以看出，早期的象雄草原巫术文化受来自西亚、南亚和中亚宗教文化的影响而形成了雍仲苯教，这种以草原游牧文化为主的苯教文化在传到东部的雅隆地区后，其文化形态也转化为农业文化，农牧民族的生产生活方式，决定了原始的巫教逐渐升华成为独立的宗教苯教。从苯教的文化地位分析，佛教文化传入后，其从早期的主流文化逐渐变成亚文化，使佛教文化最终取代苯教文化而居主导地位。

三、藏族宗教文化的基本特征和在传统文化中的地位

文化是一个民族的灵魂，是社会不断发展、实现自身素质提高的重要手段，也是民族生存的依据，它同这个民族的关系是血脉相通水乳交融不可分割的。任何民族的传统文化是经过长期的社会实践，不断得以积淀下来的。由于社会发展的不平衡性和特殊的自然环境，文化的特征十分突出。藏族传统文化的发展过程，是一个不断吸收、更

新和演化的过程,“体现出对外来文化不断吸收、不断更新、不断发展的特点”。它具有开放性、宗教性、地域性、多元性、内倾性等几大特点或属性。既然宗教性是藏族传统文化的特征之一,那么藏族宗教文化又有哪些特征,它在传统文化中究竟占据怎样的地位?

宗教不是文明的全部推动机制和民族文化体系的灵魂,但是“宗教作为一种蕴藏人类心灵最深处的精神力量,是为一种人生哲学,长期积淀和陶冶而形成了各民族的文化心理素质,进而升华为可以反转来影响民族心理的各种社会意识形态,连同各民族的特殊的自然环境,构成了各民族的文化背景,在这种文化背景之上构成了各民族各异的生活方式”。(陈荣富《比较宗教学》,世界知识出版社 1993 年)宗教文化的产生和发展,对于丰富藏族文化的内涵,形成民族文化发挥了极其重要的作用。宗教文化属于藏族传统文化中精神文化的范畴,历史上对藏族的物质生产产生了巨大影响,又深刻地影响了藏族地区,尤其是西藏的政治、经济、法律制度,又与藏族的哲学、道德、科技、文学、艺术、教育、民俗等有着密切关系,无疑宗教文化是藏族文化的重要内容。藏族宗教文化具有原始性、自然性、民间性、多元性、世俗性等特征,它传承了本民族古老的传统文化,即在很大程度上保留了本民族最初的原始宗教和苯教文化的质朴、神秘的特征,主要表现为多神论,神的名称多种多样,形象和职责模糊不清,以自然物来代替神灵的形象,有些神以人形出现;以人格化的自然力为中心,通过人神关系解释自然、宇宙。外来文化与本地文化此消彼长,相互影响和融合。这种影响不仅表现为佛苯两种文化及其他外来文化彼此吸收了对方的一些要素而丰富了自身,还表现为在不同文化的影响下产生了一种新的文化。宗教不仅涉足政治,而且对人们的生活影响之深远亦匪夷所思。但是这并不意味着宗教文化是藏族文化的全部内容,藏族文化与宗教文化不能完全等同起来。

不能否定宗教文化是藏族传统文化的一个重要方面,在某种意义上来说,否定了宗教文化,“也就否定了藏族传统文化。正是在宗教文化与世俗文化的矛盾冲突中,藏族文化不断得以丰富、发展,推动了藏区社会进步”。[1] 藏族早期宗教文化在形式上具有比较明显的高原游牧、狩猎经济文化的特征，在内容上具有比较复杂和变化多样的特征，同时它又以本土神灵崇拜和自然崇拜为主，并吸收了相邻地区原始宗教因素的文化现象。（见李永宪的《西藏原始艺术》）藏传佛教使藏民族的凝聚力加强了，受其影响形成了藏民族独特的价值观念、思维方式、审美情趣、道德情操、民族性格等，“并进而控制了藏族文化的走向”。如前所说，藏族生活在青藏高原恶劣的自然环境中，高寒缺氧，随时遭受来自自然界的侵害，在无法解决自然灾害和看不到幸福生活希望的情况下，只能将精神寄托于神佛。因此，形成了以“苦”为核心的人生价值观，淡薄名利，轻视现实生活，反对物质追求的价值观念。“造就了藏族人民重义气、爱朋友、性情耿直、豪爽大方、同情弱者、乐于助人的民族美德”。[2] 安于大自然的无情风雪，甘愿忍受贫穷和沉重的社会压迫。

---

① 星全成著《藏族传统文化及其现代化》，西宁：青海民族出版社，2002 年，第 12 页。

② 张践著《宗教·政治·民族》，北京：中国科学出版社，2004 年，第 237 页。

第二章　宗教文化与藏族的形成发展

一、苯教的人类起源传说

苯教是佛教传入之前藏族所信奉的土著宗教，包含有浓厚的鬼神崇拜思想和灵魂不灭观念，苯教文献中收录了许多关于人类起源和民族形成的神话。“神话是超凡灵异的传说故事”，尽管它是虚构的，却具有生动形象的情节。“每一个民族的神话既是该民族文化发展的历史源头，也是孕育该民族一以贯之的文化基本精神的观念母体，它以一种原始的、粗糙的和浓缩的形式蕴涵和体现着文化的价值取向、思维方式和审美态度”。[①] 作为原始宗教的重要组成部分，神话广泛流传于藏族社会，其中一部分经过人们的加工和改造收进苯教文献中，另一部分则在民间继续口传，保留了其原有的特质。

苯教的人类起源神话主要有神造人说和动物变人说两种，神造人的神话往往与创世神话混杂在一起。苯教经典《斯巴佐普》说：很早以前，由南喀东丹曲松的五种本原物质形成两枚光亮的卵和黑色的卵，光亮的卵中出现现实世界之王(神)桑波奔赤，他满头长着青绿色的头发，面色白净，因此被称为白人。那枚黑色的卵中生出黑色光人，名叫门巴塞丹那保。另外，五种本原物质所产生的雨、露逐渐形成海洋，当风吹过海面时，一枚青色气泡跳到蓝色的卵上，卵破碎后出现一个青蓝色的女人，桑波奔赤给她取名为曲嘉杰姆。第一次桑波奔赤和曲嘉杰姆没有互相点头，也没有接触对方的鼻子就结合了，生出了野兽、畜类和鸟类。之后，两人相互点头，并触及对方的鼻子，生下九兄弟和九姐妹。九兄弟分生出九个女伴作为他们的妻子，同样九姐妹分生出九

① 赵林著《西方宗教文化》，武汉：长江文艺出版社，1997 年，第 66 页。

个男子作为她们的丈夫。

九兄弟中的老大名叫斯杰章噶，他有九儿九女，他们（她们）是世界的九男神和九女神，各司其职，成为早期六氏族中穆氏族的祖先。老二桂杰章噶对人类和万物的作用以及他们的对立物进行安排，他有八儿八女，为地界八男神和八女神。老三恰杰吉增是自然界万物生命的主宰，他有四儿四女，其中排行第二的恰杰雅拉达仇是藏王（赞普）的祖先，有关他的传说故事苯教文献中有详细的记载。《敦煌本吐蕃历史文书·小邦邦伯家臣及赞普世系》记载：天神自天空降世，在天空降神之处的上面，雅拉达仇之子三兄三弟，连同墀顿祉共七人，墀顿祉之子即为聂赤赞普。[①] 桑波奔赤和曲嘉杰姆的第四个儿子聂茹南喀是山神的祖先。

九姐妹中的老三米坎玛姆和丈夫贡巴东居被认为是人类的始祖。故事中的桑波奔赤、曲嘉杰姆、南喀东丹曲松等都是苯教所尊奉的神灵，他们（她们）都源自“空”。

流传于云南藏区的传说认为，天地形成之时，什么也没有，后来逐渐出现大海，风与雾气结合使海中积起硬块，硬块形成了陆地。有了大地后先出现山，然后才有了树木。在大地的东、西、南、北四方分别居住着鲁吉齐玛、勒格格、洛旺太耶和顿玉珠等四大天神，由神繁衍出了人类。这样的故事在其他藏区广泛流传，其内容差别不大。

从上述两则故事（神话传说）发现，苯教的神造人说源自苯教的天神崇拜。苯教传说中天有四重，第一层什巴贡桑是众神的居所；第二层什巴叶桑是桑波奔赤的住所，他是其他神灵的最高法师；第三层巴拉俄赛是众神下凡时的净身之处；第四层是最高的天界，是原始神赤嘉曲巴的天国。尽管神创造了人，人类与神灵之间有着天然的联系，但是人的地位相当不稳定，不敢冒犯得罪众神，凡事都要向神灵寻求保护。

动物变人说的神话往往与动物崇拜联系在一起，民间流传较广并

---

① 王尧、陈践译注《敦煌本吐蕃历史文书》，北京：民族出版社，1980 年，第 97 页。

载入史籍的有“猕猴变人”和“大鹏变人”说。佛教传入之前的“猕猴变人”神话，传说由卵变成的世界的大山上住着一个名叫索舒鲁格香蒙陀的公猴，在清香树的撮合下，他与居住在岩洞内的女魔玛夏森多姆结成夫妻，生下六个小猴崽，六个猴崽逐渐繁衍成为人类，他们就是藏族的先民。同样的故事，在青海地区也有传说，很早以前，西藏地区有一只母猴与名叫哲塞姆的公猴结合，繁衍子孙，猴子逐渐变成了人。这种没有经过科学考察的猴与罗岩女结亲繁殖的后代从采集树皮、野果到直立行走，使用天然工具，再到制造工具种植庄稼的神话是古人直接观察的结果，是难能可贵的。

在青海的果洛地区流传着有关三果洛人来源的神话故事，说从前有一位青年来到果洛地区的年保玉则扎日神山附近，碰见一只鹰叼着一条小白蛇（山神之子），他请求鹰把蛇留下，就这样救了山神之子。年保玉则山神要答谢年轻人，问他要什么，年轻人要山神把女儿嫁给他。于是，山神的三女儿变化成白牦牛来到年轻人身旁，年轻人用缠有彩带的棍子碰了白牦牛一下，牛立刻变成了一位美丽的公主，成了他的妻子。后来，年轻人无意中杀死了另外一只牦牛，并打了放生山中的神牛，妻子气得跑回天宫去了，给他留下一个儿子，以后繁衍成了三果洛人。这是以游牧经济为生的民族把自己所放养的牲畜视为神灵的典型事例，社会经济生活和物质生产方式决定了生活在这一地区的人的宗教观念。

卵变人的神话，说最早从地、水、火、风、空五大元素中形成一块巨大的卵，卵外边的蛋壳生成白神岩，卵内层的蛋清转变成白海螺旋转，中间温热的卵液里产生六道有情（六道众生）。卵液凝结成十八块，其中一块变成螺形——白卵，从中出现一个有希冀之心的人，他就是藏族的祖先。[①]

卵生动物变人的神话是苯教所独具的，认为太极之初，从破裂的五种宝贝形成的蛋中生出一位狮首、象鼻、虎爪，脚如刀刃般锋利的英雄，他的头上长着两只犄角，其中栖息着大鹏，大鹏繁衍出人类。苯教

---

① 降曲坚参著《朗氏家族史》，拉萨：西藏人民出版社，1986 年，第 5 页。

神话中，金翅大鹏被视为神奇的鸟，是善行的化身。

另一种神话，说以前有两只鸟，鸟巢中有十八枚卵，六枚白色，六枚蓝色，代表三界及其神灵的颜色。中间的六枚卵中产生人。

四川白马藏族的姐弟繁衍人类的神话与其他民族的兄妹结为夫妇延续人类的神话有相似之处，反映了这一地区的远古风习，也是"人类摆脱杂乱性群婚后采取的第一种家庭形式"。

苯教的人类起源神话受一种宇宙起源论主要内容的控制，以不同的形式出现，即"卵"出自一种比较混乱的固有状态——空，卵生众神，神创世界和世系首领，然后才有人类。神既有造世的职能，也能创造人类。这种文化起源于严寒与荒漠的挑战，在很大程度上受地域环境和生产方式的影响，即高山、雪山、峡谷、草原、江河助长了一种精神文化的形成。

二、藏传佛教的"猕猴变人"说

"猕猴变人"说是佛教对藏族民间流传的"猴子变人"神话的改动，藏文史籍《松赞干布遗训》(《柱间史》)、《西藏王臣记》、《红史》、《贤者喜宴》等都有辑录，也有用壁画形式反映这个故事的。故事讲观世音菩萨受佛陀之命调伏雪域众生，当他自南普陀山遥望北方雪域时，发现一片黑暗，罕无人迹。雪域上部(西部)被雪山、岩山及片石山所环抱，常有狮子、狼、老虎、豹子等各种食肉猛兽和鹿、獐子、野羊等食草动物出没；雪域中部地区分布着草原、森林和石山，生息着岩魔女、猿猴、熊罴等；下部地区(东部)被草原、丛林、江河湖泊所覆盖，栖息着大象、河马、海牛及各种飞禽等。于是，观世音菩萨从心间化现出一只名叫菩提心的猴子(猕猴禅师)派去雪域修行。当时，那里的岩洞中居住着圣度母所化现的罗刹女，每天前来向菩提心猴求情，希望能与他结合。菩提心猴想到自己是一位受戒的修行者而拒绝罗刹女的求婚，但罗刹女以死相威胁，迫使菩提心猴答应结婚。无奈菩提心猴征得观世音菩萨的同意，与罗刹女结婚，生下六只猴崽，以在南部森林采食野果为生。《贤者喜宴》记载:“《遗训》一书说最初仅有一只猴雏。《总遗教》则说初始有六只猴雏,俟后繁衍众多,分为四部,并彼此发生争执,此即西藏的四人种”。三年后,猕猴禅师前去看望,发现六只猴崽已经繁衍出五百只,周围的野果已被吃光,处境十分凄惨。猕猴禅师不忍心看着猴崽们饿死,立即来到观世音菩萨跟前求得小麦、豌豆、大麦等谷物种子撒向雅隆河谷地区,生长成熟后供众猴食用。众猴因饱食,加上长期活动,满身的毛发脱落,尾巴也逐渐消失,直立行走,这就有了人类。他们的后裔分成穆、塞、顿、董四大氏族,逐渐繁衍成为藏族的先民。《汉藏史集》记载:“变成人类的猴崽越来越多,又因为争夺谷物产生不和,人类分成四个部落,即塞、穆、东、冬四个族姓。吐蕃之人,大多数都由这四大族姓分化而来。宣康巴等人说,吐蕃最初的姓氏为查、祝、冬三姓,加上噶成为四姓,再加上两个弟弟韦和达,成为吐蕃的六个姓。然而,在观世音菩萨没有以慈悲鼓动圣猴与岩魔女结合之前,吐蕃地方并没有人类存在。因此,所谓的六个族姓也是由上述的四大族姓派生出来的。还有塞、穹、查氏与穆察噶氏的后裔等多种说法,也是同一道理。”①

显然,这种传说将原来神话中的神、猴改变成罗刹女和猕猴(恰白·次旦平措先生解释说,故事中的罗刹女或岩罗女是栖息在洞穴内体格较大以食其他动物血肉为生的一种猿类,猕猴在藏语中指小猿猴,是生活在雅鲁藏布江岸边森林里靠吃野果为生的一种小猿猴),即圣度母和观世音菩萨的化身,双方结为夫妻繁衍人类。这是两种不同的宗教文化为了适应相互改造的结果。反映了作为以苯教文化为主体的传统宗教文化在维护其主体性的同时,积极、主动、开放地吸收外来的佛教文化,并加以消化成为藏民族文化的一部分。佛教文化在传入的过程中,也在积极地去适应本土文化,并对自己做了适应性的改造,而“猕猴变人”说即是佛教思想改造苯教的产物。故事本身反映了古人直观猴类在体形与智力上比其他动物更接近人类的能力。如

---

① 达仓宗巴·班觉桑布著,陈庆英译《汉藏史集》,拉萨:西藏人民出版社,1986年,第80页。

果揭去其中的宗教面纱，就会发现藏族人种起源传说中猴与罗刹女结合繁衍的子孙从采集树皮、野果到直立行走、使用天然工具，再到制造工具耕种庄稼，符合人类起源史的基本规律。

三、藏传佛教文化在藏民族形成发展过程中的作用

宗教是文化的本体，宗教在民族问题上有重大作用。前面说过，藏族的宗教主要包括苯教和藏传佛教，由于两种宗教的性质和文化形态不同，对藏民族的作用也不同。几乎所有的藏文史籍记载，神猴与罗刹女的子孙因肤色不同，性格和长相迥异而分成了塞、穆、顿、董四个氏族。从四大氏族进一步分化，从塞氏族分出觉萨、绛杰托噶尔、德觉涅布、娘杰脱岗、玛尔、玛尔马、聂、聂温、鄂、若韦等氏族；从穆氏分出昂吾、夏吾、谢、孟、喀尔、嘎尔、廓、恩兰八氏族；从顿氏分出觉、觉孜、觉热、仲、琼波、达瓦、昌、拉伦、拉孜、章、桂巴、库纳、娘、蔡邦、伍那、涅、浦廓、塔桑等氏族。他们中的有些民族从雅隆河谷地区逐渐向周边乃至更远的地区迁徙，以寻找更好的生存环境。在同大自然和野兽的斗争中，一些血缘相近的弱小氏族结成胞族，以增强抗争的力量，提高对外防御能力，如玛桑九族等。从史料发现，万物有灵、鬼神崇拜的宗教观念一直伴随着藏族先民的发展。如库敦·尊追雍仲的《广史》和苯教史籍《教法源流》在记述古代西藏人类的发展过程时指出：最初有鬼魅统治，之后依次有牛头魔、罗刹涅让查米、红柔天神、穆加科界、橐橐恶魔、玛桑九族、龙、王、厉鬼等统治。直到聂赤赞普时，雅隆地区的六牦牛部落、聂、琼、努、塞、蕃结成统一联盟，推举聂赤赞普为首领。这就是雅隆悉补野部落联盟，在其周围地区有象雄、森波、藏、苏毗等部落联盟。史书所提到的二十五小邦、十二小邦和四十小邦等即是当时实力较强的部落联盟。这些部落突破氏族社会的血缘纽带，信仰共同的宗教，实现了以地域为基本组织单位的社会组织方式，形成了比较固定的物质生活方式和相对稳定的民族语言与民族文化，造就了独特的民族性格。

(一)宗教文化与藏族教育

文化是民族最核心和最内层的要素,而"宗教作为民族文化中负载着价值观念的部分,往往起到原创性和激励性的作用,成为民族文化发展的动力和指南"。[①] 文化的流传是通过人代代延续的,而文化的延续则离不开教育的传递。马克思主义者认为,教育源于劳动,"是适应传授生产劳动和社会经验的需要而生产、并随着社会的进步而发展起来的"。早期藏族的教育十分落后,全民信仰宗教,宗教教育几乎成了社会上唯一的教育形式。苯教巫师作为神人交通的媒介和桥梁,既是神的意志的、唯一的权威阐释者和实际掌握者,也是掌握各种知识的文化传播者,知识通过他们口传或其他教育形式一代代地流传下来,宗教教育成了文化传播的渠道。

奴隶制社会后期和封建农奴制社会时期,佛教文化在生活中占据着主导地位,藏传佛教的寺院教育成为文化传播的主要方式。8 世纪桑耶寺建成,寺院教育开始逐渐形成,最初只是为僧人讲学,学僧人数不多,主要来自王室和贵族之家。后来,寺院几乎成了全吐蕃的教育中心,受学者除了僧人,也有在家信徒和俗人,办学规模越来越大,教学内容除了藏文字母和佛学知识,还包括一些天文、历算、文学、历史、医学、建筑、艺术等方面,成了吐蕃社会教育的主要形式。进入封建农奴制社会,寺院教育日臻完善,在教学管理、教师级别、所学课程、学程学制、学位考试、升级晋升等方面形成了一整套十分严格的制度。寺院教育几乎是唯一的社会教育基地,僧人是知识分子的主力,真所谓"舍寺院外无学校,舍宗教外无教育,舍僧侣外无教师"。[②] 寺院教育的内容日益扩展,远远超出了宗教神学的范围,不仅限于佛法,而且涉及语言文字、文化哲学、医疗医药、天文历算、政治法律、文学艺术、伦理道德、建筑技术、翻译历史等,几乎囊括了社会科学和自然科学的全部

---

① 张践著《宗教・政治・民族》,北京:中国社会科学出版社,2005 年,第 186 页。

② 李延恺著"浅谈历史上的藏族教育",《藏族史论文集》,四川民族出版社,1988 年,第 141 页。

知识，对传播和发展藏族传统文化、稳定社会、和谐人生、维系人际关系起了相当重要的作用。僧人因此是旧西藏唯一的知识分子，在社会上占有很高的地位。

（二）宗教文化与风俗习惯

风俗习惯是一个民族文化的外部表征，它的形成在很大程度上与他们的宗教信仰有关。著名民俗学家钟敬文说："风俗是一个民族在生产、饮食、居住、婚姻、丧葬、节庆、娱乐、礼仪、信仰等物质生活和文化生活方面广泛流行的，经常重复出现的行为方式。风俗与其他文化形态区别之一，就是具有现实的直观可感性，即便是精神风俗也是如此"。[①]《宗教·政治·民族》记述："风俗习惯是民族所处的自然地理环境、经济生活方式及其文化千百年来在人们头脑中潜移默化地积累的结果。已经变成了一种民族的集体无意识，甚至升华为一种民族的情感或民族的意识"。[②] 藏族的风俗习惯内涵及其丰富，主要指生活习俗、礼仪习俗、节日岁时习俗、社会习俗等。其中包括服饰、饮食、居住、婚姻、丧葬、节日、生产、礼仪等，各方面都留有宗教的深深印迹，无处不染上藏传佛教的色彩，无不贯穿浓厚的佛教思想。从考古发掘的零散实物知道，早在四五千年前，青藏高原居住的藏族先民已开始使用与宗教相关的一些装饰物，如用骨物制作的护身符、宗教信物或图腾徽记等。后来，在服装的选料上越来越讲究，服饰的图案纹样有取自苯教"雍仲"、日月符号、八吉祥、七政宝等，内装佛像、佛经或活佛、高僧的圣物的护身符"嘎吾"，男女老幼基本上都佩带。

在饮食方面，藏族多食牛羊肉，忌吃马、驴、骡等奇蹄动物（圆蹄类牲畜）肉和猫、狗、狼等有爪动物肉，以及乌鸦、猫头鹰、鹫鹰、麻雀等尖嘴飞禽肉，还禁忌吃鱼肉和死牛羊肉等，以防传染疾病。严格地遵守佛教戒律，不杀生，尤其规定受戒者绝对不可自己宰食牲畜肉。

---

① 序由钟敬文撰写，徐杰舜主编，《汉族民间风俗·序》，北京：中央民族大学出版社，1998年。

② 张践著《宗教·政治·民族》，北京：中国社会科学出版社，2005年，第188页。

酿酒时，头道酒“羌批”要敬献神佛；饮酒时或聚会敬酒时，必须用无名指弹酒三次，敬祝天、地、神和佛、法、僧三宝。为了不玷污寺庙的圣洁，转经朝拜庙宇圣地之前严禁吃大蒜。

藏族各地的婚俗不尽相同，婚姻形式有一夫一妻、一妻多夫和一夫多妻等几种。早在佛教传入之前，苯教已经形成了自己的婚姻仪式。贡珠·云丹嘉措的《巴马拉七善业之仪轨扎西贝杰》详细记述了苯教的婚姻仪式，在全部八个部分中有五部分直接与苯教（宗教）有关，第一部驱除随新娘而来的精灵；第二步净化新娘对灶神的污染；第六步祈求众神的保佑；第七步招福；第八步祈祷经文。整个仪式具有非常浓郁的宗教色彩。如今这种仪式还在一部分藏族地区完整地被保流着。佛教传入后，僧人在求婚、订婚、结婚时负责占卜看相，选择吉日。

藏族的丧葬与宗教有着极为密切的关系。藏族人相信人死后要转生到另外一个世界，具体转成什么要看在今世的所作所为，即善有善报，恶有恶报。一般人死后要立即向寺庙的喇嘛或活佛报告，诵经超度亡灵，亡人的家人不能哭，防止亡灵走入歧途，或亡灵留恋家人不能转生。遗体被处理成胎儿状停放在屋角处，希望亡者能顺利获得转生。停尸时间一般三至五天，其间请僧人念经。出殡时间由僧人打卦择定。“收尸后，用白布或麻布包裹后，由背尸人背走，死者面朝后，背出门时不准有响声，背尸人和送葬人均不得回头张望，以止灵魂返属作祟”。死者家人参加出殡仪式，但不能到葬场去。

藏族对死亡的理解深受佛教“生死轮回”思想的影响，死亡并非意味着生命的终结，而是喻示着新生命的开始。“世界上万物都是外壳与灵魂的结合体，即是灵与肉的结晶，躯壳不外乎是灵魂的载体，死亡只是二者的分离，灵魂逸出废旧躯体投转另一新的躯体继续存在，周而复始”。[①] 按照佛教经典的解释，人在离开人世到投生之间，称为“中阴”阶段，分临终中阴、实相中阴和投生中阴三个时期。“所有的丧葬仪式都不过是人走向来世的方向和道路”。丧葬仪式从早期的墓葬，

---

① 刘俊哲等著《四川藏族价值观研究》，北京：民族出版社，2005 年，第 120 页。

随着宗教观念的转变也发生了根本的变化。葬法有天葬、土葬、水葬、火葬、塔葬、野葬等，每一种葬法都有宗教解释。天葬是一种既普遍又崇高的葬法，它又叫“鸟葬”，有苯教“天神崇拜”“灵魂崇拜”和佛教行善布施的意义。尸体运到天葬场后，天葬师点燃松柏香料煨桑，上面撒上糌粑，香烟升起，招来鹰鹫。然后肢解尸体，将肉切成小块，砸碎骨头，掺拌糌粑，供鹫鹰啄食，以吃光为吉利。在民间，鹫鹰颇受崇拜，苯教视其为神鸟，有鹰创世的神话。佛教把鹰鹫看成是比丘的化身，具有通灵的神力。因此，天葬反映了佛教升天和布施行善的思想。

土葬是个很早的葬法，随着佛教思想深入人心，这种葬法被看成是葬法中最坏的一种。在人们看来，一般犯过罪，有过凶杀行为和患有麻风病等传染性疾病致死者，实行土葬，将他们埋在地下永不得转生、传染疾病，意思是灭其根种。但并非凡是土葬的都表达这样的意思，在一些地区实行什么葬法，主要是由地理条件决定的。

在所有的葬法中，塔葬和火葬是两种高层次的葬礼，一般只用于宗教高僧或有身份的上层人士。尤其是塔葬，当高僧圆寂后用各种名贵药材和香料对其尸体进行处理，安放在塔内，以供瞻仰、膜拜。塔的质地和大小是根据高僧的地位而定，但也考虑其他因素。在藏区，最尊贵的灵塔是供放在布达拉宫的历世达赖喇嘛灵塔，其中五世达赖喇嘛灵塔高12.60米，宽7.65米，塔身耗金119082.37两，镶嵌各种珠宝10多万颗。

藏族的大部分节日都带有浓厚的宗教色彩。生活在每一个地区的藏族几乎月月过节日，甚至有的一月之中有二三个节日。重大的节日有藏历年、雪顿节、望果节、燃灯节、萨嘎达娃节、达马节等，其中有生产性节日、岁日年节、生活节日、宗教节日，种类繁多。每一个节日都有悠久的历史，内涵丰富。但“再其长期的发展流变过程中，从内容到形式都发生了许多变化，承载着不同时期不同方面的文化讯息，加之一些节日之间文化现象交互重叠，功能和作用互相渗透”。[①] 有些节日直接源于宗教，如与苯教关系密切的插箭节、调牛节、祭山节、煨桑节、拜鹰节等；有些原本是民间的世俗节日，加入了宗教内容，形成了

---

① 陈立明著《西藏民俗文化》，北京：中国藏学出版社，2003年，第289页。

两类不同性质的节日，难以分辨。

藏历新年是最隆重的节日，一般从藏历十二月二十九日[1]开始，持续好几天。这种本来是欢庆新年的佳节也含有驱邪、送鬼、敬佛的宗教色彩。送鬼在腊月二十九日晚进行，院子里垒起石堆，表示鬼的座位，女主人将吃剩的“古吐”面汤洒在石堆上，表示对鬼的敬奉。接着便踢倒石堆高喊：鬼啊，离开这里吧。也有将剩“古吐”倒入一陶罐，端出门外，男主人手执点燃的火把薰各房间，令妖魔鬼怪都出来，然后将火把和陶罐送出门外，扔在街上。正月初三，更换屋顶上的经幡，点燃桑烟敬神，祈求保佑全家平安，家业兴旺。

雪顿节，意为“喝酸奶的节日”，原是宗教节日，其间举行晒大佛、表演藏戏等活动。后来，逐渐演变成一个群众性的节日，充满了现代生活气息。

望果节，亦称“丰收节”，历史悠久。最初是一种祭祀神灵以求丰收的仪式，由苯教法师负责作法。后来，由宁玛派僧人主持仪式，念诵经咒，祈佑丰收。格鲁派创立以后，望果节又增添了新的内容，“人们在巡游田地时高举佛像并背诵佛教经文，求佛保佑风调雨顺，人畜兴旺，粮食丰收”。[2] 藏族的礼节非常多，表现在社会生活的各个方面。可以说，藏族的节日中已经没有单纯的宗教节日和世俗节日，凡是大型的宗教节日增添了非宗教的内容，而原来的世俗节日中也已加进了不少宗教内容，形成了藏民族独特的节日文化。

（三）宗教文化与藏族的伦理道德、价值观念、思维方式

政治制度、法律条文和伦理道德构成了一个民族的行为规范。处于部落社会的藏族先民信仰原始苯教，相信天地间有各种神灵鬼怪，相信万物有灵，相信行善得善报、作恶遭灾祸的报应之说。佛教的道德因果律认为一切事物都是由因果法则支配的，善因心产生善果，恶

---

① 林芝地区和日喀则地区过藏历新年的时间略有不同。

② 魏强、周润年著《藏族宗教与文化》，北京：中央民族大学出版社，2002年，第253页。

因心产生恶果。这是一种不以人们的意志为转移的规律。戒律是佛教为出家和非出家信徒制定的用来防非止恶的戒规，也是指导人们行为的准则，它藉由不杀生、不偷盗、不邪淫、不妄语、不饮酒等来规范身心，培养仁爱、慈悲、宽容的高尚情操以及理智的思维能力。佛教传入后，这些思想逐渐深入人心，对藏民族的行为规范产生了极大影响，佛教的理论思想成为藏族伦理道德的主要内容。根据藏文史料记载，大约公元7世纪中期，松赞干布赞普依据刚传入不久的佛教十善法制定了不许杀生造罪、不许偷抢大于针线的财物、不许淫乱、不许谎言、不许挑拨人和、不许以恶言咒骂他人、不许散布流言造谣惑众、不许嫉妒别人、不许有邪恶之念、不许作违背因果之事的十条法规。还制定了十六条伦常法：敬奉三宝、修行正法、孝敬父母、恭敬有德、尊长敬老、诚爱亲友、利济乡人、心须正直、效法上流、善用财食、有恩当报、斗秤无欺、心平无嫉、不听妇言、和言善语、任重宽量。这十六条法规亦称“十六条道德规范法”，它深刻地影响着藏族的伦理道德思想，成为日后人人必须遵守的行为规范。虔诚、施舍、忍辱、正义、宽容、诚实、和谐、礼让、知足等成为人们的行为准则。

到了封建农奴制社会，在一批由藏族文人作家撰写的格言中反映了藏族人民的伦理思想和道德观念，如萨迦班智达贡嘎坚赞的《萨迦格言》、班钦索南扎巴的《甘丹格言》、居·米旁南杰嘉措的《国王修身论》、贡唐丹贝仲美的《水木格言》等。他们一方面“站在统治阶级的立场上，向统治者提供一系列新的政治主张，另一方面又站在宗教信徒的立场上，以宗教伦理思想为标准，以佛法教义为规范，充分运用哲理格言诗流传广、接受快的特点，苦口婆心地教化和劝导统治者和人民大众，借以调整统治者与被统治者之间、个人与社会之间的政治伦理关系”，提出了反对暴君，倡行仁政，忠君爱国，尊重知识，弘扬佛法，团结互助，和睦相处，尊老敬长，知恩图报，清心寡欲，知足常乐的伦理观。[①] 要求人们应“勤学佛法，修身养性，谦虚谨慎，区别贤愚，辨明是

---

① 李钟林、星全成、李敏著《藏族格言文化鉴赏》，西宁：青海民族出版社2003年，第31～32页。

非，洁身自好，诚实善良；不骄傲自大，是非不分；不贪图钱财，盲目自信；不野蛮凶残，杀戮成性等”。[1] 这种以佛教道德价值观为重要内容的伦理道德思想成为藏民族判断善恶是非的标准，长期以来规范着人们的言行，发挥着调节人与人之间的心理及个人与社会之间行为规范的巨大功能。而且佛教教义作为制定法律的主要依据，加强了法律的效力。帕竹地方政权时期的《十五条法律》，藏巴汗的《十六条法律》和噶丹颇章政权时期制定的一些法律条文无不有浓厚的宗教色彩。很明显，历代统治者或地方政权在赋予宗教各种特权的同时，保护宗教团体的利益，佛教的某些教义自然成为法律的重要内容。[2] 在经过吐蕃后期钵阐布勃阑伽·贝吉云丹担任僧相，参与政事被杀之后，佛教逐渐成了联系各地方势力集团乃至整个藏族的重要纽带。僧人依靠世俗贵族和广大群众，使他们获得支持和思想方面的保持，但同时又作为回报而从世俗中获得所必需的物质供应和保护。随着宗派的出现、藏传佛教的形成，各派领袖与各地封建割据势力相结合，建立起供施关系，逐渐形成了政教合一的地方政权，每一个地方政权的后面又有中央政府的支持，形成了藏族特殊的政治制度。如萨迦派的地方政权，其政教首领由元朝皇帝册封的帝师担任，下设萨迦本钦，本钦受元朝中央政府和帝师的领导，掌握着十三万户的政教权力。帕竹政权的最高首脑由僧人担任，规定凡是担任此职者必须在帕竹家庙泽当寺和丹萨替寺为僧并为寺庙主持的人。噶厦地方政府时期，仍然实行政教合一的政治体制，尽管中间有过很多的变化。

很明显，萨迦和帕竹两个地方政权分别受元朝和明朝中央政府的扶持，不但由昆氏和朗氏两大家族成员掌控着萨迦派和帕竹噶举派的宗教权力，而且也垄断着西藏的政治权力。清代西藏地方政权组织比较复杂，大的有以达赖喇嘛为首的噶厦政府和以班禅喇嘛为首的堪布会议厅，是西藏地区最大最典型的僧侣、贵族联合统治的地方政权，由

---

① 刘俊哲等著《四川藏族价值观研究》，北京：民族出版社，2005 年，第 83 页。

② 娄云生著《雪域高原的法律变迁》，拉萨：西藏人民出版社，2000 年。

清朝派驻西藏的驻藏大臣监管。另外，比较小的地方组织有昌都地区的帕巴拉政教系统、巴宿济咙呼图克图政教系统、察雅罗丹协饶呼图克图政教系统、类乌齐庞球活佛政教系统等。其他藏族地区也有类似的政教权力组织。“正是因为藏传佛教对藏族实行了全面的政治控制和精神控制，所以藏族人民的行为模式处处打上了佛教的烙印”。[①] 生活几乎宗教化，树立了宗教领袖在世俗生活和广大群众中的权威，宗教的戒律条规也成为了人们日常生活中的行为规范。受宗教的熏陶，藏民族形成了自己特有的价值观念、思维方式和民族性格。多识在为《藏族道德》一书所作的序言中写道：“公元7世纪初在印度和中原两股佛教文化的大气对流中形成了雪域高原的新文明，这种文明的主干和基石是大乘佛教。大乘佛教在藏族地区的传播、扎根、发育成长过程中，在藏民族的意识深层形成了独具特色的世界观、人生观和思想伦理道德。千百年来扎根在人性深处的哲学思想和伦理道德，便成了这个民族的精神支柱和做人的根本。如因果报应、无我执、视众如母、慈悲利众、万物性空、世事如幻、与世无争等道德观念对预防犯罪、克服自私、清除贪心、淡化物欲、培养慈悲心、尊敬和热爱众生、保护众生生存环境、提升人类的精神境界等各方面起到了积极有效的作用”。[②]

不同的民族由于他们所处的生活环境和文化背景，形成了完全不一样的价值观念、价值判断、思维方式。《藏族传统文化及其现代化》说：“正是这些不同的价值判断、价值观念、价值标准和价值取向等构成了民族文化的价值系统”。“价值”是人们对待满足他们需要的外界物的关系中产生的。[③] 价值是一种心理，它首先涉及对现实和来世的评价问题，形成于一定的社会环境和自然环境，随着社会的发展和历史条件的变化而发生变化。一个民族的价值观念“是这一民族在其历史发展的长河中，对外界事物进行价值判断所形成的相对稳定的社会心理的集中表现，他左右着一个民族对客观事物的评价和选择，参与

---

① 张践著《宗教·政治·民族》，北京：中国社会出版社，2005年，第195页。

② 刘俊哲等著《藏族道德》，北京：民族出版社，2003年，第2页。

③ 《马克思恩格斯全集》第19卷，北京：人民出版社，1963年，第406页。

着人们认识和改造世界的活动”。[1] 由于对象不同，便形成了不同层次、不同内涵的价值观念。

长期以来，藏民族形成了自己的价值观，在它产生、形成和发展的过程中宗教起了决定性的影响。佛教传入之前，藏民族信仰的是“万物有灵”的苯教。这种形成于万物崇拜基础上的宗教是一种入世性的宗教，受此影响人们在认真对待现实各种世俗事物的同时，把解决现实问题的希望寄托在自然神灵上，在现实世界中求发展、求生存。佛教是一个极具出世倾向的宗教，佛主释迦牟尼以十二缘生观说明生命的由来与流转，以业力不灭说明四生六道的轮回，以缘起法说明宇宙万有的生起与存在，以因果法则说明万物的生灭变化和人生的奥秘，由苦集灭道四圣谛说明人生的真相，要求人们以出世的精神做入世的事，服务社会，度化众生。它的传入与发展使藏民族的人生观和价值观发生了根本变化，几乎形成了佛教价值观，“主要包括重来世，轻现世，行善戒恶，因果报应，离苦得乐，大慈大悲，无私无我，利益众生，尊敬师长，孝敬父母，善待子女，勇敢无畏，吃苦耐劳，忍辱无争，诚实守信，礼仪文明，团结互助，爱憎分明，主张公正，痛恨贪婪，反对强暴，抗敌爱国等”。[2] 其特征是把现实世界的一切事物视为没有价值的东西，来世成佛做菩萨是人们追求的最高目标和终生价值。因此，人们将大量的时间和精力用来崇信佛菩萨，每天礼拜诵经，祈求加持，今世的所作所为完全是为了来世得到善报，甚至不少人把选择出家为僧当作实现人生价值的根本途径。当然，藏民族文化的价值系统，其内涵十分丰富，宗教价值观之外，尚有对知识作用的感知而形成的尊重圣贤、崇尚佛典的知识价值观；对审美实践的感知而形成的美学价值观；为人格道德伦理行为的感知而形成的重义轻利、和善诚实的道德价值观；对农牧业经济发展不平衡和物质贫乏的感知而形成的重牧轻商、反贪

---

① 乔根锁著《西藏的文化和宗教哲学》，北京：高等教育出版社，2004 年，第 63～64 页。

② 刘俊哲等著《四川藏族价值观研究》，北京：民族出版社，2005 年，第 67 页。

知足的经济价值观；对死亡的感知而形成的豁达的生命价值观，以及生态价值观、婚姻家庭价值观等。这些价值观念无不深受宗教尤其是佛教思想的影响。

民族思维方式是一个民族认识客体，思考问题的方式方法、习惯和定势，藏族的思维方式是长期以来价值选择的结果。世代生活在青藏高原这块神秘地区的藏族，千百年来把自然界的每一处看成是神灵的栖息之处，万物有灵、灵魂不灭的思想根深蒂固，“人们总是想通过自己的宗教手段把自己的情感、愿望传达给鬼神，以求得鬼神的保佑和庇护”。[①] 佛教传入以后，吸收了苯教的神秘思想，承认传统的神秘观念，并且把神秘主义提高到更高一个层次。

在现实生活中，人们总是把解决疑难问题的希望寄托在神佛上，甚至生病和婚丧嫁娶等事都要请高僧医治决断，将神佛的神秘力量作为解决问题的主要手段，求神拜佛、打卦卜算、念经祈祷、煨桑上香等成为生活的一部分，生活宗教化、神秘化。“神秘思维把一部活生生的生产斗争、阶级斗争史看作宗教发展史，并以佛教教义和宗教道德为价值标准，来裁定历史事件和历史人物”。[②] 但是，神秘思维只是藏族思维方式之一，另外还有千百年来形成的经验思维、道德思维和受佛教思想影响的具象思维和逻辑思维等。每一种思维之间有着内在的联系，构成了藏族思维方式的整体，在某种程度上表现出简约、直观、粗放等特点，缺乏理性。

价值观念和思维方式经过民族文化的长期积淀，凝固成为一个民族的性格。民族性格和价值观念一样，尽管具有相对的独立性和稳定性，但也是随着环境的历史条件、时代变化而不断发生变化，具有时代特点。如前所述，藏族居住生活在青藏高原上，曾过着逐水草而牧、动荡不定的游牧生活和半农半牧的生活，又信仰以自然物为神灵栖息处

① 乔根锁著：《西藏的文化和宗教哲学》，北京：高等教育出版社，2004 年第 50 页。

② 乔根锁著：《西藏的文化和宗教哲学》，北京：高等教育出版社，2004 年第 53 页。

的“万物有灵”的苯教，宗教与生活息息相关。这种特殊的宗教信仰和生活方式造就了他们尚武勇敢、雄强外向的民族性格。佛教的传入使“慈悲”“忍辱”“来世”等观念进入藏民族的思想中，彼岸性心理和来世观念越来越得到强化，极大地弱化了藏民族的生存和发展的能力，骠悍勇猛、英勇好斗的性格转变成和平、安静、宽容、利他、仁爱、互助、奉献的内向性格，成为一个外强内柔的“柔性的民族”。《中国宗教与传统文化—宗教·政治·民族》指出：“宗教作为民族文化中负载着价值观念的部分，往往起到原创性和激励性的作用，成为民族文化发展的内在动力和指南”。宗教对藏民族的影响不仅限于上述几个方面，而是全面的，深刻的，在一定的时期起到了促进藏族发展的积极作用。

宗教与哲学有相当密切的关系，哲学“通过原始崇拜意识、灵魂和鬼神观念，以及原始神话、史诗、传说中关于天地的形成、万物的产生、人类的起源等思想(感觉)表现出来”。①

马克思曾说哲学最初在意识的宗教形式中形成，宗教为哲学提供了丰富的思想资料。苯教是藏族的一种土著宗教，自然崇拜和灵魂崇拜是苯教的主要表现形式，苯教“卵变世界”“龙变世界”的宇宙起源论或神统世系和人类起源论构成藏族早期哲学的理论形态及基本思想范畴。佛教为适应藏族传统信仰习惯和哲学思维方式，以佛教思想去比附苯教思想，将传统的宇宙本体论、人类起源论等一些重大哲学问题进行佛化改造，赋予浓厚的佛教色彩。尤其藏传佛教形成后，各宗派在本体论、心性论和认识论方面进行深入讨论。格鲁派形成之前，其他各宗派重点讨论心性论，即如何通过修行而成佛的途径，宗喀巴融合各派思想将心性论、本体论、认识论纳入“缘起”条件下进行阐释，以本体论为哲学理论的核心，用“缘起性空”来统一各派思想，调和长期争论的“空”和“有”的问题，是佛教哲学(宗教哲学)成为藏族传统哲学的主体。

---

① 萧万源等主编《中国少数民族哲学史》，合肥：安徽人民出版社，1994 年。

（四）宗教文化与文学艺术

文学艺术是人们在社会实践活动中，追求精神生活的产物，也是民族文化中最具民族性的内容之一，“它通过一个个生动直观的艺术形象，表现一个民族的生活理想和审美追求”。[①] 宗教与文学艺术都以强烈的情感为特征，两者之间有着极为密切的关系。藏族长期信仰宗教，因此创造出来的精神产品有浓郁的宗教色彩，如大量的诗歌、故事、格言、赞词、谚语、神话、壁画等都是为了宣扬神灵、通俗地解释深奥的宗教教理而形成的，宗教把它们作为宣传布教的媒介，用来传达宗教情感和宗教教义。

雍仲苯教是原始宗教发展的最高阶段，吸收了自然崇拜，以多神信仰为特征，在一些雕塑、绘画、舞蹈、诗歌等之中不乏宗教的影子。如家喻户晓的《世界形成歌》、《青稞种子的来历》、《岩魔女与猴子的故事》、《诺桑王子》等之中明显地带有原始宗教的性质，将现实与幻想神奇地交织在一起，既宣传了宗教，也促进了文学艺术的创作。佛教使藏族的理论观念、思维方法、价值取向、文化形态等都发生了重大变化，更给藏族文学带来了神秘主义的人生观、价值观和浓厚的宗教情感，以及新的思想内容、故事情节、文体、意境等，传统的民间文学增添了佛教色彩。佛经的译传，是以僧人组成的作家们从中吸收了文学理论与写作技巧，文学的内容和表现形式都有了变化。如八大藏戏中的《朗萨雯蚌》《智美贡顿》《苏吉尼玛》以佛典为蓝本，宣扬苦、善、恶等思想，采取了虚幻的浪漫主义手法。脍炙人口的《萨迦格言》《米拉日巴道歌》《仓央嘉措情歌》《甘丹格言》《水树格言》等都出自僧人之手，阐释佛教的因果报应、生老病死、布施、忍辱等教理，表达了超脱心境的佛教思想。策仁旺杰是一位深受宗教严格训练的世俗官员，他的《青年达美的故事》借用佛教故事中的人物，反映现实生活问题，充满了佛经理想主义倾向；采用了佛经惯用的虚构、想象、譬喻、比拟、对比、综

---

① 张践著《宗教・政治・民族》，北京：中国社会科学出版社，2005 年，第 190 页。

合等艺术手法，把世俗社会中的人物纳入宗教氛围中描写。从此发现，藏传佛教与藏族文学既相互联系，又互相矛盾；既相互促进，又互相制约。

宗教对藏族艺术的熏陶是深刻而广泛的，为宗教人物、宗教故事提供了丰富的艺术内容，尤其是佛教使藏族传统艺术的形象、体裁和风格发生了变化。源于苯教跳神的宗教舞蹈——羌姆，以鹿、牛、羊头的装饰面具，表现各个神灵的形象、特征。8世纪，莲花生根据佛教内容作了加工改造，后来再次进行改进、规范，逐渐推广开来，被各教派所接受。《中国大百科全书·戏曲·曲艺卷·藏戏条》这样说"莲花生采用藏族原始宗教苯教巫师仪式，并与当地风土舞结合，形成哑剧性的跳神仪式，以宣扬佛教哲理，此即藏剧的起源"。(1983年版)五世达赖喇嘛在《西藏王臣记》中说：藏戏金刚舞是印度大乘佛教密宗金刚乘咒术的物化形态，以及与西藏苯教相结合的文化产物。苯教的"牦牛"与"骷髅"形象演化为藏戏中的面具舞。如《朗萨雯蚌》中的忿怒尊神面具舞，《白玛文巴》中的侍佣静善尊神面具舞，《苏吉尼玛》中的骷髅神"独达"面具舞等，完全借鉴苯教神舞中魔怪等形象而发展形成的，其造型狰狞可怖。安多地区表演的贡保多杰听法，是采用了佛教的"折嘎尔"说唱形式。民间舞蹈在发展过程中也受到佛教的深刻影响，大量的佛教思想在民间舞蹈中广泛地被反映出来。

在建筑艺术方面，以寺院为代表，不但具有浓郁的宗教风格，而且形成了与其他地区的佛教寺院明显不同的特色。最具特色的是西藏山南的桑耶寺，其整个布局是按照佛教的宇宙世界结构建造的，四面对称，围墙环绕，墙顶饰有法轮。象征宇宙中心的乌孜大殿的四方有四大殿，象征佛教宇宙世界的四大洲。四大殿左右各有两殿，象征八小洲，另有象征日月二轮的日月殿。

大昭寺以印度迦摩罗寺为模式，金刚橛形廊柱、彩画、浮雕、花纹、初檐与平椽之间的半圆雕人面狮身伏兽，形象生动，曲线简洁，突出了宗教文化的神秘感。除了宗教建筑外，民居建筑在风格方面受到了寺院建筑文化的影响，几乎每户人家佛堂是必不可少的，而且雕梁画栋，不乏反映佛经故事的壁画。

（五）宗教文化与医学历算的关系

藏族的医学和天文历算学是随着藏族社会的发展逐渐形成的，在形成和发展的过程中宗教影响是不可忽视的。在部分苯教文献中记载了有关天象变化、历法、医药和历算等，神话中也不乏这方面的传说。苯教认为，龙神主管人间的各种疾病，龙是人间424种病恶之源，如果得罪或惹怒了龙神就会患上疾病。解决龙病的方法，除了祭祀外，还寻找到了龙神喜爱的芫荽、芥子、甘松、藏红花等上百种原料，用来治疗龙病。这种以龙药治龙病的说法实为古代劳动人民生产生活经验的总结。用药物治疗疾病，用卜算观星相测之生老病死是苯教巫师的主要职责。尽管这些带有浓厚的宗教色彩，却奠定了藏族医学体系和天文历算的基础。

8世纪以后，藏医学和天文学的传播与发展，和佛教有极为密切的关系，在某种程度上说佛教的兴衰直接影响着藏医学的发展，佛教大五明中的医方明是专门讲医学的，密教许多经典涉及有关人体生命医学方面的指示，这方面经典的翻译成为促进藏医发展的最主要因素之一。僧人既是佛教教义的传播者，同时也是医生。格鲁派创立之后，有规模的寺院都设曼巴扎仓（医学院）。如果没有这种教育机关和僧侣知识分子，藏医学就不可能得到发展并传播开来。

藏族人民把“六字真言”看成是消除各种疾病烦恼的良药，它是属于佛教观音部的咒语，是古印度人根据人体的生理机能和各器官以及经络学，对照宇宙原理，总结出来的通过声音来震动人体内部的气脉，颤动激发各器官的功能，以增强免疫能力治疗疾病。密教认为，大宇宙和人体小宇宙都由地、水、火、风、空（心、肝、脾、肺、肾）五大元素构成，“声音”源自五大元素。五大元素失调，则贪、嗔、痴加重，导致疾病。因为密教认为，贪生水，嗔生地，慢生石，嫉生风，石生骨，地生肉，水生血，火生暖，风生气息，空生心。当人发嗔（发怒）时，肝火上升，肝火盛则导致赤巴病，此病共有110种；痴生地，地生炭疽病，此病有110种；嫉生风，风生气，气不调则导致110种气病；贪生水，水不调则导致110种肠热病。藏医认为，隆（气）、赤巴（胆）、培根（痰）是构成人体的三种基本物质，三者协调，则互相促进和制约，身体就无病，如果失去平衡，则导致疾病。如果把它与“六字真言”结合起来讲，“唵”代表五大元素集合之字，“嘛”代表空，“呢”代表水，“叭”代表地，“咪”代表火，“吽”代表风，通过念诵六字真言，能通气、调脉，消除气病。按照藏医解释，“赤巴”主思维和智慧，赤巴病重，导致大脑失聪。如果小声念诵六字真言，能缓解赤巴病及热病。这样把佛教和医学结合起来进行解释的在藏医学著作中很多，反映了佛教与藏医之间的关系。

佛教对藏医胚胎学的影响非常大，《修行道地经》说：胎成七日，初不增减，二七日如薄酪，六七日如息肉，九七日变五泡等。无上瑜伽部经典《胜乐根本续》、《时轮根本续》等都讲到胚胎学和其他医学知识，这些都被藏医所接受。

藏历在形成和发展过程中与宗教活动紧密相联。原始宗教是藏族原始文化滋生的温床，苯教对日月星辰的崇拜孕育出了古老的天文学，卜算则是历算的基础。苯教九乘中的恰辛乘与朗辛乘专讲占卜和星相等。佛教文化的传入，充实和推动了天文历算的发展。11 世纪开始，以《时轮根本经》和《时轮根本经无垢光疏》为代表的“时轮”方面的经典被译传进来，形成了藏族的“噶孜”(白算——时轮历)，它的内容包括观测五曜、太阳宫、行度、罗睺、罗睺尾、日月食、太阳回归、合时等变化规律，运用分数算法推算预报日月食、食限、食延、食甚、食分、入食云向等。数目字写法与加减乘除法称为数字的五支、曜、日期、星宿、会合和作用称为历算五要素，通过观测确定月、日、时、季节及节气的划分。“饶迥”纪年法的使用标志着借鉴佛教译经的藏族历算理论体系形成。13 世纪以后，一大批僧侣知识分子阐释时轮历，噶举派的让炯多杰将苯教的“吉孜”推算法和佛教的“时轮历”结合起来论证星算理论；雍顿·多杰贝桑在此基础上阐释地球左转，四季右转的原理，创立了以太阳为中心进行推算的“曲布瓦日算法”。

宁玛派的敏珠林寺重点以传授历法而享誉藏区，长期参与西藏地方政府的历书编制。因此，藏族星算学以苯教的占星术和现象术为基础，吸收了汉历和佛经时轮历，而僧侣在观测、记录、推算、研究天象及天体运行规律，弘扬天文学中做出了突出贡献。

第三章　宗教文化与藏族地区的生态环境

一、苯教的世界观与生态观

世界观，是指一个人、一个民族对整个世界的总的、根本的看法。它包括人们对世界的起源、世界的本体等根本的看法，世界观决定着人生观和价值观。苯教是一个多神崇拜的宗教，苯教的宇宙观或世界观往往是通过神话故事的形式解释的，反映出万物同源的宇宙起源思想。宇宙的早期形态是混沌的——空，然后有了“卵”，“卵”中生出世界、神，神创造人类。“卵变世界”是苯教的重要世界观，认为当初有一位名叫南喀东丹曲松的王，他拥有五种本原物质，法师赤杰曲巴将五种本原物质放入体内，开始轻轻地“哈”了一声，由此产生了风。当风以光轮的速度旋转时就产生了火，风吹得越猛，火就烧得愈旺，火的热气与风的凉气结合产生了露珠，露珠上出现微粒元素，北风吹起吹落，堆积成山，世界就这样由赤杰曲巴创造出来了。故事中的南喀东丹曲松为太空或“空”的化身，非实实在在的人，而是无形钝态的。后来“他被程式化为法身，相当于佛教的法身”。[①] 赤杰曲巴法师亦非人，是一枚光卵，即万物生灵的导师，当他意识到十万年不显身的黑人（黑卵）梅本纳波企图创造一个充满苦难的世界时，迅速采取行动，收集南喀东丹曲松所拥有的五种本原物质创造了世界。

苯教经典《黑头矮人的起源》记载的创世神话说，很久以前，宇宙处于一种空的状态——混沌状态，后来出现了光，接着有了冷暖之分，

---

① 桑木旦·噶尔梅著，向红茄译“概述苯教的历史及教义”，《国外藏学研究译文集》第十一辑。

冷霜形成水珠及水塘，水中的薄膜经波浪滚动形成一枚卵，孵化出一黑一白两只鹰，双鹰结合产生黑、白、花三枚卵，从黑白两枚卵出现黑暗与光明两界诸神，从花卵产生混沌状的肉团生灵，名叫孟伦伦兰兰，他用意念生出身体的各个器官，通过愿力创造了穆神、恰神及祖神等三大神系及其居住地，世界就这样形成了。

与卵变世界不同的还有"龙变世界"，认为母龙的头部变成天空，右眼变成月亮，左眼变成太阳，四颗上门牙变成四颗星。母龙睁眼时是白天，闭眼则是黑夜。龙发出的声音形成雷，舌头形成闪电，呼吸之气形成云雾，眼泪成为雨，从鼻孔产生风，血液变成五大洋，血管变成河流，肉体变成大地，骨骼变成山脉。显然，视龙为宇宙世界的本源是苯教龙神崇拜思想的反映。

另外，尚有其他多种创世神话，尽管每一种神话之间有细微的差别，却具有共同的特点。云南迪庆藏族传说，天地形成之前，什么也没有，后来逐渐形成大海，海面上飘浮的雾气被风吹起吹落使海中积起许多硬块，硬块堆聚在一起形成大地，但经常晃荡不定。后来，海中出现一条巨型鳌龟，钻入海底将大地背在背上，可是鳌龟经常摇动，大地随着晃动，天神发现后便朝鳌的背部射了一箭，鳌中箭后翻了个身，大地就稳稳地落在鳌的肚子上，从此没有晃动。

广泛流传在藏区的《创世歌》这样唱道：最初世界一片空，后生白霜和清风，霜风神变成五蛋：紫色玛瑙第一蛋，红色铜蛋是第二，青色铁蛋是第三，黄色金蛋是第四，白色海螺第五蛋。五蛋变成地狱、智慧、逃跑、人神和飞身的种子。风、火、水、土是构成宇宙的四大元素。

苯教将宇宙分成天上、地上、地下三界。天上是上界，乃"赞神"居住的地方；地上为中界，是土地神的居所；地下为下界，是"龙神"居住的地方。上界和下界各有层数，一般为三层，有时也为七层、十三层（三、七、九、十三这几个数字在苯教中的使用频率非常高）。法国著名藏学家石泰安说："整个世界或部分的人体都是根据这一模式而设想出来的。上天和地下世界都各有层数，一般是上有九层，下有九层；或者是上有九层和下有九层，天有时也有十三层，使用这一数字来指一个集合数字(如同三和九)是一种非常普通的现象”。[①] 另有四重天之说,每重天由不同的神灵居住。万物有灵的观念成了解释世间一切运动、变化的根本依据,他们将身边的一切现象都说成是有神主宰的,神分成不同的种类,各司其职。

从苯教的宇宙观来看,源自“空”的“卵”不仅创造了宇宙世界,也创造了神和人,空、卵、世界,或者自然、神、人三位一体。这种特殊的宇宙观和自然观有机统一,形成了藏族早期的宇宙生态观。“卵”造的世界(自然界)有灵性,“卵”造的神同样有灵性。苯教“万物有灵”的基本思想要求崇拜自然界中的一切,人类在敬畏自然的同时必须将自身融于自然、爱惜自然、保护自然、顺应自然、依赖自然,人与自然和谐交融。[②] 人们在信仰的过程中,既能满足精神依托,也能保护自然界有生命的一切动植物,甚至山石湖泊等非生命物。

苯教认为,宇宙间天地万物、飞禽走兽、草木昆虫等一切存在物和人一样都是卵生神造的,在道性上是平等的,因此提出了人与自然和谐相处的生态自然观;保护生灵,爱惜生物,友善相处的生态伦理观以及人与自然和谐相处的理想生态观。藏族古代神话歌谣《世界形成问答歌》(《斯巴形成歌》)说:最初斯巴形成时,天地混合在一起,请问谁把天地分?最初斯巴形成时,阴阳混合在一起,请问谁把阴阳分?最初斯巴形成时,天地混合在一起,分开天地是大鹏。……最初斯巴形成时,阴阳混合在一起,分开阴阳是太阳。……斯巴!宰杀小牛时,砍下牛头放山上,所以上峰高耸耸;斯巴!宰杀小牛时,割下牛尾放路上,所以道路弯曲曲;斯巴!宰杀小牛时,剥下牛皮铺大地,所以大地平坦坦。大鹏和太阳是苯教崇拜的对象,山、树木、大地与有生命的牛联系在一起,赋予了新的生命,反映了文化方面鲜明的地域特色。

苯教和民间流传的神话故事中蕴含了许多富有价值的思想,它告

---

① 石泰安著,耿升译《西藏的文明》旧本,拉萨:西藏社科院铅印本,1985年,第220页。

② 得荣·泽仁邓珠著“藏民族传统信仰与生态环境的保护”,《中国藏学》,2005年第2期,第45页。

诉人们宇宙是由物质构成的，而且是发展变化的，多种环境要素组成了一个完整的环境系统，相互联系，互为作用。宇宙世界是多元的，生存于其中的万物都有灵性，万物为神，人生活在万物之中，被多元神所主宰，因此必须顺从神，顺从自然，保护神的栖息处自然界中的每一处，达到与自然和谐相处。

二、佛教的生态观

佛教是一种世界性的宗教，缘起论和因缘论是其教义的精髓和核心，也是一切理论的基石，佛教用它来观察探讨宇宙人生，因此也可以说是佛教的世界观，是宇宙一切现象的原理、法则和规律。佛经说：过去现在未来名世，东南西北上下思维名界。在佛陀时代，印度思想界对于世界起源问题的回答流行五种观点：一是自在化作因说（神造说），把世界上的一切现象看成是由梵天或自在天所造，人的生命活动受制于神；二是宿作因说，主张世界和人生都是由前世宿业所定；三是结合因说，将世界和人类看成是众多元素的聚合；四是偶然机会因说，主张世界上的一切事物的产生和发展都是偶然的机运，否定因果关系；五是生类因说，主张各类事物和人之所以成为不同的阶级是由天生命定的，甚至连人们所拥有的不同智慧和精力也是天生命定的。[①]佛陀反对上述观点，提出了缘起观，把一切事物或现象的生起看成是相对的互存关系或条件，如果离开了“缘”（关系或条件）事物或现象就不能生起。而且，从缘起的理论出发去探讨分析宇宙和人生，揭示“自然、社会和思想领域之间的普遍联系性，这种学说不但承认事物或现象之间在时间上的序列性，同时也承认他们之间的因果连续性”。[②] 缘起包括内缘起和外缘起，内缘起指有情生命的缘起，外缘起指宇宙万有的缘起。佛经所说的“此有故彼有，此生故彼生”就说明了这个因果关系。因此，佛教生态观的核心是缘起论，而缘起论的核心是因果论。

---

① 黄心川著《印度哲学史》，北京：商务印书馆，1989 年，第 175 页。
② 黄心川著《印度哲学史》，北京：商务印书馆，1989 年，第 187 页。

那末，以缘起论为核心的佛教生态观的基本内容有哪些？魏德东在《佛教的生态观》一文中总结说，自然观和生命观、理想观是佛教生态观的基本内容。佛教的自然观即是佛性上的平等。“佛性”即“觉性”，是指佛陀（如来）的本性，故称“如来藏”，后来发展成为成佛的种子和可能性。大小乘佛教对佛性的解释不完全相同，小乘佛教的《增支部阿含经》说：“心极光净，为客随烦恼所染”。《阿毗昙论》说：“心性清净，为客尘染”。大乘佛教初期的基本经典《般若经》也谈到“佛性”，但不十分明确。之后的《华严经》、《大涅槃经》、《楞伽经》、《胜曼经》、《如来藏经》和《解深密经》等都把如来藏佛性作为重点进行了深刻诠释。《华严经》从功能方面解释说：“心佛及众生，是三无差别”，佛与众生本来是平等的，因为他们的心识（如来藏）没有差别。《涅槃经》是第一部系统论述“如来藏佛性”思想的经典，如说“我者，即是如来藏义，一切众生悉有佛性，即是我义”。在此基础上提出了“一阐提”亦能成佛和“现作现报”“报无一定”的业报观。佛性思想传到中国后，天台宗和禅宗等宗派将它发展到极致，提出了万法皆有佛性，万法是佛性显现的观点。显然，这里的万法“不仅包括有生命有情识的动物，也包括没有生命的植物、无机物”。[①] 有情物还是无情物，或者说人与人、人与动物、人与植物，个个之间息息相关，和谐相处，在追求幸福上没有根本的不同，也不能断然分开而单独存在。[②]

建立在众生皆有佛性理论基础上的生命轮回观认为，一切众生都有生命，都有苦乐感受，是平等的。人和其他动物一样，在没有获得解脱之前，生命轮回于天、人、阿修罗、畜生、饿鬼和地狱等六道趣中，善有善报，恶业生恶果。六种生命的本质是平等的，最后转生到哪一道趣要看他们自身行为业力。如果行善积德，将会进入“三善趣”，反之则会堕入“三恶趣”（饿鬼、畜生、地狱），这正是佛家所说的“欲知前世因，今生受者是；欲知后世果，今生做者是”思想的反映。有一则故事

① 魏德东著“佛教的生态观”，《宗教研究四十年》（上册），北京：宗教文化出版社，2004年，第630页。

② 陈星桥著“生态平衡·环境保护·佛教”，《法音》，1999年第5期。

说:有一条龙头上长了一种树,每当风吹、树摆时,就流血流脓,龙的头痛得要命。佛弟子问因缘,佛说在过去燃灯佛时,龙破坏了草木。燃灯佛告诫龙说:一草一木都不能破坏,否则要遭报应。但龙不相信,到处破坏草木,所以头上长了一棵树。尊重生命,珍惜生命,是佛家的根本观念。佛陀以悲心慈爱众生,对于有情众生一视同仁,毫无亲疏之分,贵贱之别,视一切为平等,凡是有生命的都应该加以爱护珍惜,不可以伤害。为此提出了"不杀生"的戒律要求,成为约束佛教徒们行为的第一大戒。

佛教思想同固有的苯教灵魂不灭、灵魂转移的观念相结合,赋予自然界的一切更加神秘的灵性,并且同高原辽阔而脆弱的生态环境密切相连,加深了人们对自然界和自然界生存的一切的敬畏,强化了对它们的爱惜、保护意识。如公元7世纪佛教初传吐蕃,松赞干布令臣下根据十善法制定法律和伦理道德条例,其中"七大法"中的第一条即是"不杀生"法。8世纪早期,印度佛教僧人寂护来蕃传法将佛教的戒律比较完整地介绍进来,笃信佛教的赤松德赞王废除了长期以来形成的对犯罪男人挖眼,对犯罪女人割鼻的酷刑,制定了严禁戒杀的法律条文。苯教用于盟誓祭祀中的杀生习惯也被取消,取而代之的是用面制作的替代品。

藏传佛教形成后,佛教的业报轮回思想得到了淋漓尽致的发挥,尤其像阿底峡、宗喀巴等一大批高僧特别强调戒杀的重要性,提出了作为一个佛教僧人首先应该具备菩提心、慈悲心和守戒心,把戒律看成是佛法的根本。宗喀巴说"毗奈耶乃正法的根本,不论何时,只要有毗奈耶,圆满教法就能存在;如果没有毗奈耶也就没有佛法"。"一切功德的根本,皆为自所受许的清净戒律"。其中包括不杀生戒。在藏区,不杀生的戒律不仅约束着佛教徒,也约束着广大的信徒乃至整个民族,后来制定的一些世俗法律中无不反映出佛教戒规的思想。说到这里,人们也许要问:佛教严禁食肉,藏传佛教僧人却在食肉,食肉等于杀生?是的,藏传佛教僧人的确在食肉,按照佛教戒律规定,食肉就会断灭大慈悲佛性种子,食肉与杀生同罪。但是,食肉是藏民族的习惯,长期生活在严寒的高原上,基本上以游牧为主,缺乏疏芋的僧人

(藏民族),肉是他们的主要食物,且能抗寒。尽管他们(特指僧人)食肉,但从不亲自动手杀生,而是食别人杀死的牛羊肉,对戒律的持守丝毫没有放松。这是藏传佛教对不杀生所作的一种新的诠释,也是藏传佛教的特点之一。

食肉并没有放弃对动物或生命的保护,杀生的罪过谁都知道,谁也不愿意杀害生命,也不愿被他人所杀,保护所有生命是僧人和受佛教思想影响的藏民族每个人的责任,“放生”就是保护生命的具体体现和做法。这是普度众生观念下产生的一种人与动物平等相处、相互依赖的思想。

藏族的“放生”一般有三种形式,一是将自己饲养的家禽家畜放生;二是将不属于自己的,即将被人或动物所杀害的生命的放生;三是以佛教的慈悲心劝阻他人舍弃杀生而放生。“放生”的时间有具体的规定,一般定在佛教的重大节日或高僧的纪念日之时,要举行简单的仪式,由僧人诵经。直到今日,在藏区仍然随处可见放生的牛羊等动物。

生命观和灵魂不灭思想还表现在对大自然的保护方面,在藏区几乎每一座山、每一个湖泊,甚至每一块石头,都有神灵栖息在的牛羊或其他动物在老百姓看来是神,有灵性,任其自然死亡。据《西部开发与西藏的可持续发展》一书说,在藏区有些牧民把幼畜饲养成为成年畜以后,求神算卦,让神灵决定哪些成年畜该出栏,哪些畜是不能淘汰的神畜,一旦卦示神畜,就逐个将它们留下记号,然后放生。牛羊放生之后,通常喂养到自然老死。大量的牲畜被放生后,出现了一批放生村。放生和谐了人与自然。其中,它们和人一样的平等,甚至高人一等,成为崇拜保护的对象。这种思想正好印证了英国历史学家汤因比所说的“宇宙全体,还有其中的万物都有尊严性,它是这种意义上的存在。就是说,自然界的无生物和无机物也都有尊严性。大地、空气、水、岩石、泉、河流、海,这一切都有尊严性。如果人侵犯了它的尊严性,就等于侵犯了我们本身的尊严性”。[①] 佛教经典《时轮根本续》将宇宙划分

---

① 魏德东著“佛教的生态观”,《宗教研究四十年》(上册),北京:宗教文化出版社,2004年,第640页。

成外大宇宙和内人体小宇宙，两个宇宙由相同的元素地、水、火、风构成，宇宙中的山河草木就好像是人体的各个器官，对一切自然物的侵犯就是对人自身的破坏，对人体各个器官的保护也就等于保护大自然，达到了人与自然和谐相处。

总之，藏传佛教的生态观的核心是生命平等观，把自然空间视作自然、人、神（佛）三位一体的统一，自然界的一切动植物同人一样具有自己生存的权利，自然环境与人类生存之间存在着亲密关系，人应该像保护生命一样保护环境，优化环境，要爱护一草一木。伤害动物、鸟兽、昆虫是犯罪，就连割草砍树，破坏自然生态，污染河流环境都被视为恶行而属于佛教禁止之列。在佛教看来，关爱大自然，维护生态平衡对于人类的生存和发展有着极其重要的价值。

三、佛苯对生态环境协调发展的作用

藏族固有的宗教以“万物有灵”“灵魂不灭”的基本思想，崇拜大自然的一切。这些观念同佛教的生死轮回、慈爱禁杀的教义结合在一起，形成了一种更加全面、更加系统的生态伦理观。它不仅约束每一个人为谋私利而无情的去伤害每条生命的行为，也带给人们博爱、仁慈、热爱自然界所有生命的崇高美德，提醒人们以善心珍惜爱护生命，创造生命生存的生活环境。从上述苯教和佛教关于世界起源的神话传说中可以发现，藏族先民的认识中，把人看成是客观环境的产物，人类只有依靠自然界，与自然界中的一切和谐相处，才能生存、繁衍和发展壮大。如果违背了自然规律，就等于违背了神灵的旨意。

（一）自然崇拜与生态环境保护

藏族对自然物的崇拜是表现为对自然的敬畏、希冀和乞求的意识，也是主动与自然相协调的行为。“通过崇拜自然，将自然环境（天、山、水）看作神灵的载体，而神灵则依附于自然环境，它们互为一体，敬畏神灵，实际是敬畏自然，把自然环境、动物与植物作神灵崇拜，其意义是保护自然环境”。[1] 神山崇拜是藏族自然崇拜的一种突出表现。藏族世代生活在世界上海拔最高的青藏高原腹地，绵延千里的高大山体，与深邃幽远的峡谷，使人们产生了一种强烈的敬畏之心，在他们看来每一座高大的雪山处于一种凌空出世主宰一切的地位。被称为“世间九尊神”的九大雪山分布在西藏、青海、四川、云南、甘肃等省的藏族聚居区，它们是沃代贡杰、雅拉香布、念青唐古拉、阿尼玛卿、觉钦冬热、干布拉杰、雪拉久波、觉吴玉杰、协乌卡热。沃代贡杰是其他八大雪山的父亲，为山神之祖，他们共同守护着雪域大地。

神山下面有神湖，一般山湖是一对夫妻，为神灵的载体。每一座山都有一个神奇而美妙的传说，如念青唐古拉山神头戴白巾，身着白衣，右手举着马鞭，左手拿着念珠，骑着白马。偶尔也化现为恐怖的怒神，身披宝玉铠甲，腰缠黑熊皮，头戴宝石头盔，佩带寒光闪亮的弓箭，专司财产和掌管冰雹，下属360个随从神（360个山峰）。念青唐古拉山神属于“年神”，任何一棵圣树的砍伐和圣地的挖掘以及对大自然的破毁，都会触怒他。他的妻子纳木错为帝释天的女儿，乘骑飞龙，右手持龙头禅杖，左手拿佛镜，羊年为其本命年。佛教将她看成是胜乐金刚的语刹土，即胜乐金刚的明妃金刚亥母。

冈底斯山在印度教、湿婆教、苯教和佛教中都有很重要的地位。苯教认为，冈底斯山是世界的中心，为白牦牛神下凡落脚的地方。印度教视其为湿婆神的居所。在佛教中，他又成了胜乐金刚的身刹土。

藏南的雅拉香布山为一头白牦牛形象，口和鼻子中不断喷出大雪，法力无比，可以摧毁岩石，引发洪水，统领着雅隆地区所有的地方保护神和土地神。他的妻子朗勉托杰普玉为天界女神首领，一身淡红色，右手持闪电，左手握冰雹，骑着闪电飞行。

被称为莲花圣地的“白马岗”为多杰帕姆（金刚亥姆）女神的化身，女神仰面而卧，东北部的雪峰和向南伸延的山脉为女神的头、颈、躯干和四肢，山间的树木是女神的毛发，河流是女神的血管。贡日嘉布雪山是她的头，邦辛是心脏，仁钦崩寺是肚脐，贡堆颇章是她的左乳房，

---

① 傅千吉著“藏族文化的三元一体论”，《西北民族学院学报》，2002年第5期，第33页。

白马西热河为右乳房，河水为其乳汁。[1]

黄河源头的阿尼玛卿雪山是英雄之神，披银盔银甲，倚长剑，骑乘玉龙白马，镇慑群魔。其属相为羊年，每逢羊年信徒们前来朝拜，以求神山保佑，消灾避凶。

另外，尚有许多山水湖泊，甚至石头、树木都被看成是神灵的栖息处，保护着地方的安宁。把一切自然现象看成是山神喜怒恩威的表现，这种观念从古到今一直束缚着生活在这里的人们。

对山神的敬仰和敬畏而产生种种禁忌，祭祀活动也常年不断。神山及其周围所长的一草一木一石是神的器官，是神圣不可侵犯的神物。人们的命根子寄附于神山、神湖等之中，严禁在山上耕作、采集果实、深挖药材、砍伐木草、猎取野兽，破坏了神山神湖也就意味着断绝了人的命根子。经过神山时，不能唱歌喧哗，否则就会给自己、家人，甚至当地带来灾祸。

藏民族生存生活的青藏高原气候条件和地理环境非常严酷，生态平衡相当脆弱，在气候极度干旱，没有灌溉条件的高原，只能长出稀疏的灌草丛，一旦过牧，不加以保护，土地立即蜕变为沙漠。“高原地带构成的生物圈一旦受到破坏，恢复起来极为困难，甚至是不可逆转，无法补救的。在这样的情况下，保护环境、维持生态平衡，无疑是一件非常重要的事”。神山崇拜所产生的许多禁忌，客观上形成了众多的自然保护区，起到了保护环境的作用。同时，神山崇拜的一些禁忌对维系社会道德起到了积极作用，强化了人们保护自然环境的意识。傅千吉在《藏族文化的三元一体论》中说：藏族将山川湖泊奉为神地，并作为禁忌之地而加以保护，“对高原生态环境保护具有重要意义。神山保护使每一片区域形成了封闭的原始草原保留地，保留地集中了草原多种植物与动物，成为区域内不受人类干扰的自然生态系统，自然生态系统保留着生物的多样化与物质循环的平衡性，既调解着区域内整体自然环境，又使高原稀有物种得以保护，我们看到高原几千年残留

---

① 张江华著“僜人的原始宗教及其社会影响”，《西藏民族学院学报》，第7页。

下来的古老树木，都在神山区域内生长良好，同是神山区域内保留着不同自然景观，不同的植被系统，不同动物种类”。[①] 如甘肃拉卜楞寺将附近的山奉为“神山”“神坡”“风水林”“神林”，派专人每天上山巡逻，严禁在山上乱挖、放牧和在林中生火、拾柴，违者罚大洋五元，砍伐树林罪同拔佛爷的头发，绝不轻饶。这种做法不仅保护了山上的植被，也保护了水土流失。

藏族先民将宇宙分为三界：上界（天上）、中界（人间）、下界（地下），因此虚构出三大类神灵系统，其中控制地脉（下界）系统的神称为“鲁神”（龙神），它的性格“阴柔过敏，行踪无常”，掌管着山峦、河流、地气等。青藏地区分布着大小湖泊2000多个，有中华水塔之美称，几乎每一个湖泊每一条河流都是神灵的栖息处，成为神湖或圣湖。西藏阿里地区普兰境内的玛旁雍错最早为苯教广财龙王的居所，后来佛教把她看成是胜乐本尊赐给人类的甘露，以湖水洗身，可以清除肌肤的污垢和心灵上的烦恼业障。山南加查的拉姆拉错传说是吉祥女神贝丹拉姆的居所，她能预测祸福，显示未来，十分灵验，每当遇到寻访灵童时由高僧带领寻访组成员来到湖边，诵经献祭，观看湖面所显示的灵童转世地方的景象。因此，严禁在湖中乱扔东西和赃物、在湖周围乱砍乱伐，不准在湖中捕鱼和其他水产。如果在被奉为神湖或神泉的地方小便，阴部就会肿烂；乱扔脏物，便会受到龙神惩罚，患皮肤病。由于这样一种自然崇拜在人们头脑中根深蒂固，使人们养成了一种保护生态环境的自觉行为。在藏区，任何挖掘土地，开采矿山，改变山川自然原貌的做法，都会视为是对神灵的亵渎和冒犯行为。

历代地方政府和寺院都规定了对神山的保护措施，采取种草植树，改善生态环境。帕竹地方政权首任万户长绛曲坚赞曾要求部落民众说“在我们全部土地和势力范围内，每年要保证栽种成活二十万株柳树，要委派守林人验收和保护。人人要管好无穷无尽的宝藏，发菩提心和植树。由于所有地方和沟谷林木疏落，所以划分耕地要根据时令季节，不

---

① 傅千吉著“藏族文化的三元一体论”，《西北民族学院学报》，2002年第5期，第33页。

要拔除树根,要用锋利的镰刀和工具划界,划界后要植树”。[1]

绛曲坚赞是一位戒行谨严的僧人,由于宗教信仰的缘故,对山水的崇拜和对恶化的自然环境的担忧就很自然地成为一种生态保护行为。相传,布达拉宫后面龙王潭中的柳树就是那时种植的。

八世达赖喇嘛时也有同样的规定,明确山川河流的草、水、木的主权,阻止乱伐乱放牧,违者必须按照原有的条文约规判决。咸丰十年(1860),摄政热振呼图克图次臣坚赞发布命令:“为保西藏地区风调雨顺,得以丰收及保护土质等,在彼地区的神、龙的住地——山、海和红庙等地方,需埋神瓶、龙瓶及药丸(为求雨而做,用布包起)等”。[2] 上世纪 60 年代,对四川德格地区社会调查中发现,夏克家划定山林、牧场为神山、禁地,不准牧民进入放牧,并有晓谕牧民的告示,罗布林山上林木是不可侵犯的神林,严禁砍伐一根柴,若敢违犯,吊九次外,并罚白银 25 两。[3]《康定、道孚、丹巴调查材料》中指出了宗教观念在生产方面的反映,禁忌下种后不能砍树,若砍了树会触犯天神,天就要下冰雹;秋收前后不能割草,否则会触犯地神,就要打霜;下种后不能在近处挖药,挖了会触犯土神,就会放出虫来吃庄稼。这样的禁忌既保护植被,也保持了生态平衡,起到了法制难以起到的作用。

不管是苯教还是藏传佛教都爱惜万物生灵、敬畏大自然,尊崇众生平等,这是一种以神为本位的文化,受这种文化浸染的藏族人民“自然而然对与他们的生活与生命发生各种联系的事物,产生敬畏膜拜之情。因此,周围的一切又会披上灵异魔幻的色彩。人们往往通过祈祷和召唤,建立起人与自然亲密无间的融洽关系”。[4]

---

① 大司徒·绛曲坚赞著《朗氏家族史》,拉萨:西藏人民出版社,1988 年,第 253 页。

② 中国社会科学院民族研究所、西藏自治区档案馆合编《西藏社会历史藏文档案资料译文集》,北京:中国藏学出版社,1997 年,第 90 页。

③ 中国社会科学院民族研究所《甘孜藏族自治州—德格地区社会调查材料》,1963 年 12 月。

④ 彭书麟等著《西部审美文化寻踪》,武汉:湖北教育出版社,1999 年,第 94 页。

(二)宗教禁忌和法令与野生动物的保护

禁忌“本质上是人们信仰和崇拜神秘的异己力量和神圣的宗教对象的一切宗教行为。由于人们对神秘力量和神圣对象在观念上有所意识，在体验上有所感受，一般就会在情绪上产生惊奇、恐惧、畏怖以及尊敬、爱戴等宗教感情。这种敬畏感往往在行为上表现出来，在人与神秘力量和神圣对象的关系上，体现为对自己行为上的限制和禁戒规定”。[①] 青藏高原是我国野生动物王国之一，这里有许多属于国家一、二、三级保护的稀有动物和珍贵禽类。据上世纪 70 年代统计，仅西藏有哺乳类动物 118 种，鸟类 473 种，爬行类 49 种，两栖类 44 种，鱼类 61 种，昆虫 2300 多种，被人们称为“世界上最高天然动物园”。长期以来，由于藏族所生活的环境和深受宗教思想的影响，形成了许多禁忌，涉及宗教、礼俗、生活、饮食、婚丧、生育及节日等各个方面。其中宗教方面的“不杀生”禁忌，原初是对出家僧人而言，禁止僧人宰杀牲畜及野生动物，禁食荤肉。在印度佛教中有“夏安居”时间，相传最早由婆罗门教实行，每到雨季教徒们怕踩死山中的昆虫，禁止外出。后来佛教也规定在雨期 60 天内，僧侣不要外出托钵化缘，以免破坏稚草，踩死昆虫。佛教的“不杀生”戒和夏安居的规定传到西藏后，受到僧侣们的普遍遵守。随着佛教的广泛传播，其戒条也成了广大信教群众恪守的信条，对任何生灵都不敢妄动，甚至连捉到的臭虫、虱子也不肯弄死。对有些动物和飞禽特加保护，如狮、虎、象、野马、孔雀、猴、乌鸦等，它们被奉为英雄人物和高僧大德的象征，或苯教的神灵。猴子与藏族人类起源有关；乌鸦被看成是人类的主宰，是通灵的神鸟，它的不同叫声可以表示吉祥、事急、无恙、财旺。这种通过宗教禁忌来保护生态环境和野生动物的做法，直到现在仍然在继续。

禁忌，“已不再是一种外在的社会规范或公约，而是心理上的一种坚定信念。这种禁忌被一种不可抗拒的力量控制着，成为一种内化了

---

① 吕大吉著《宗教学通论新编》上，北京：中国社会科学出版社，2002 年，第 318 页。

的观念和行为，一种道德规范”。[①] 生活在青藏高原的藏族看来，自然万物都是有生命的，与人平等相处，相依为命，人们不可以随便捕猎野生动物。尽管有些动物对生态有很大的破坏性，也危害人的生命，也有不少野生动物对维护草原生态平衡具有十分重要的作用，但是它们的消失或被猎杀容易引起整个生态系统的失调。早期苯教的巫师可以说是禁忌文化的创造者和传诵者，各种各样的苯教仪式实际上是禁忌文化的会演，是禁忌文化得以产生和传播，后来这种文化依附于藏传佛教而得以保存和宣扬，从而使其内容更加丰富，形式各异，禁忌因此而成为宣传宗教的手段。苯教认为世界上任何事物的存在都是神的安排，是神的意志的集中表现，神主宰着一切，一切都是神圣的，不可侵犯。佛教戒杀思想对藏民族的影响极其深刻，历代西藏地方政府和藏区其他一些部落都明文规定猎杀动物的处罚。形成于吐蕃时期的十善道德法中有禁杀牛羊等动物的规定。后来，藏巴汗的《十六法典》和五世达赖喇嘛时制定的《十三法典》都有禁止狩猎、救护动物的禁令。顺治五年(1648)五世达赖喇嘛颁布禁猎法令：“圣山的占有者不可乘机至圣山追赶捕杀野兽”。[②] 噶厦政府的一封命令指出：在山川河流，严禁打猎捕杀，“为使鸟兽、鱼、水獭等水中与陆地栖息的大小生物的生命得到保护，日喀则、江孜、南木林、拉布、甲错、领嘎等地方，‘年厄’依法禁止打猎”。[③] 进入近代，禁猎捕杀的法规还不断制定出来。1932 年，十三世达赖喇嘛向藏区各寺庙颁布了“日垄法章”，规定每年“从藏历正月初七至七月底期间内，寺庙规定不许伤害山沟里除狼以外的野兽、平原上除老鼠以外的动物，违者皆给不同惩罚。总之，凡是水陆栖居的大小一切动物，禁止捕杀的文告已公布，文武上下人

---

① 南文渊著《中国藏区生态环境保护与可持续发展研究》，兰州：甘肃民族出版社，2000 年，第 25 页。

② 中国社会科学院民族研究所、西藏自治区档案馆合编《西藏社会历史藏文档案资料译文集》，北京：中国藏学出版社，1997 年，第 90 页。

③ 周润年、西饶尼玛译注《西藏古代法典选编》，北京：中央民族学院出版社，1994 年。

等任何人不准违犯”。[①]《卫藏揽要》第4卷规定：“禁止杀鱼鹿及其他禽兽，噶伦卜当以其条件谒请布达拉，西藏山谷中所有无害动物，宜保护其生命”。类似的禁猎乱砍法令还见于部落法规中，四川藏区的部分地方规定，下种后不能打鱼，否则就会触犯水神，导致干旱。理塘毛垭区土司规定：不准打猎，不准伤害有生命的东西，否则罚款。罚款标准是打死一只公鹿罚藏洋100元，母鹿罚50元，藏羊或岩羊罚10元，獐子罚30元，水獭罚20元。木拉地区规定：任何人不准上山挖药材，如果一人挖药材罚藏洋30元，两人罚60元，三人罚90元；如果在禁地砍柴，予以重罚。清朝政府为青海的藏族和蒙古族制定的《番例条款》第33条规定：“凡砍杀牲畜者，除赔偿外，罚一九；误射马匹死者，照数加赔，未死者罚一岁牛”。据南文渊调查，青海刚察部落内部规定：“一年四季禁止狩猎。捕杀一匹野马罚白洋10元；打死一只野兔或一只哈拉(旱獭)，罚白洋5元”。甘肃甘南的甘家部落规定：“在甘家草原禁止打猎，若外乡人捕捉旱獭，罚款10～30元；本部落的牧民被发现捉旱獭，罚青稞30升”。四川理塘《十三条禁令》规定：严禁猎杀鹿、雪猪、岩羊、獐子、狐狸、水獭等，否则罚100～10元不等藏洋。

禁忌是神圣观念的伴生物，它是非强制性的，具有显著的功能，法规是强制性的，通过这两种形式以约束和限制人们认识自然和改造自然的活动，规范了人们的生态伦理观念和伦理行为，既保护了物种和生态平衡，同时也强化了人们的宗教意识，成为了伦理的生活原则。

---

① 陆连蒂译《西藏社会历史藏文档案资料译文集》北京：中国藏学出版社，1997年。第56页。

第四章　藏族宗教的社会功能与作用

宗教在产生与发展过程中，与社会生活的各个方面发生着密切关系，宗教的教义、戒律、法规、禁忌对不同的民族有相同的制约作用，对社会的稳定发展发挥了积极作用。藏族所信奉的宗教，包括苯教和藏传佛教与藏民族政治、经济、文化及社会生活的方方面面息息相关，发挥了社会控制、心理调适、群体凝聚、行为规范、文化交流等功能，而且参与政治决策，制约王权，调节政治。牟钟鉴说："宗教的社会功能具有多样性和两重性。从积极方面说，宗教有政治整合功能、心理调适功能、道德教化功能、社会公益功能、文化推动功能"。（见《马克思主义的民族观与宗教观》载中国民族报，2006 年 3 月 14 日）

宗教的社会功能和社会作用是"密切联系又有所区别的两个概念"。宗教的功能是宗教本身所具有的东西，或"宗教因其自身所具有的属性和性能所发挥的各种社会作用的总和"，是宗教社会作用的静态表现。宗教的社会作用是指宗教以其自身的功能对社会各方面所产生的影响。[①] 宗教的社会功能大体上包括宗教的社会控制功能、心理调节功能、群体整合功能、文化交往功能、宗教的凝聚吸引功能，概括为宗教的意识功能和实体功能。作为宗教的组成部分，藏族所信奉的宗教苯教和藏传佛教同样具有这些功能，其中的有些功能在藏族的社会生活方面表现得更加突出。特定的宗教信仰成了维系藏民族内部团结的主要因素。

---

① 陈麟书著、袁亚愚主编《宗教社会学通论》，成都：四川大学出版社，1992 年。

一、社会整合功能

宗教是社会整合中的一个特殊因素，始终是民族凝聚的胶合剂。宗教整合功能是指宗教具有能使社会的个体和群体或使各社会势力、集团凝聚为一个统一的整体作用，并能促进内部团结。[①] 整合作用，即是凝聚作用，“是共同的目的高于个人的目的，一个群体（或一个社会）必须具有共同的价值观，宗教为共享的价值和目标提供一种非理性的解释，并且经常通过仪式周而复始地来巩固共同的感情，从而促进社会稳定”。[②] 宗教信仰是宗教履行社会整合功能的基础，任何宗教都有它的社会整合功能。藏族的原始宗教是每一个社会成员共同信仰的宗教，它提倡“万物有灵”，把大自然的一切看成是神灵的栖息地，神灵无处不在，氏族、部落的人们通过对神灵的祭拜感到他们的集体性。这种“万物崇拜”的宗教观念发挥着很大的群体凝聚作用，促进了原始氏族、部落内部的团结。

苯教众神中，居住在天上一层的恰神和穆神分别代表母系亲属世界和父系亲属世界，传说中苯教创始人辛绕米沃且和雅隆悉补野部落首位酋长（赞普）的出身都与恰穆二神有关。同时，这两大早期的氏族和氏族神，成了后来生活在青藏高原上藏族先民信仰的共同神灵，藏民族形成后仍然被奉为重要神灵。

众所周知，青藏高原由于特殊的地理环境，与外界的接触相对较少。在吐蕃王朝建立之前，这一地区有大大小小的部族或部落（邦国）几十个。尽管他们在行政上是相对独立的部落或邦国，但宗教信仰是相同的，苯教成为重要的凝聚力量，通过这种共同的信仰使彼此的来往不断。如雅隆悉补野和象雄是吐蕃奴隶制王朝建立之前，青藏高原

---

① 龚学增主编《宗教问题概论》，成都：四川人民出版社，1999年，第56页。

② 罗竹凤主编《人·社会·宗教》，上海：上海社会科学院出版社，1995年，第225页。

上实力相对强大的两个部落联盟(邦国),由于共同的宗教信仰使他们长期生存在一个具有共同文化秩序的环境中,表现出了一种文化认同的原则,消除了部落之间的界限,最后走到一起,强化了民族的文化主体意识。

早在聂赤赞普时期,苯教从象雄传到雅隆部落,雅隆部落的苯教师噶居祖布吉巴从象雄苯教师祖布次程受戒,并请来了象雄的几位法师传教,穆赤赞普、止贡赞普、布德贡杰时又大量引进象雄苯教和各种仪式,使草原形态文化与雅砻河谷文化相融合,成为悉补野部落乃至藏民族共同的宗教文化。苯教认为,生活中鬼神无处不在,它不但可以主宰活人的生命,也可以在人死后带走他的灵魂,危害死者的后代、亲友,只有神可以解除鬼的危害。因此,杀牲献祭、祈福禳灾等成为苯教的特点。对神要献祭,对鬼要驱赶,神对人有赐予,必定有索取,人对神尽一定的义务,神才会对人有所付出。“神灵祭祀对藏民族的发展所起的作用非常强大,它是民族心理的催生婆,是部落凝聚的粘合剂。祭祀就要集会,集会就得盟誓。全部落集合于‘神’的旗帜下,神又把大家捆拢在一起,给予每个部落成员力量、语言和勇气,使部落向心力增强了,文化特征固定化了”。①

仪式体系是构成宗教的主要因素,同样能发挥整合作用。“盟誓”是原始宗教信仰基础上形成的一种特殊方式,“盟”有仪式,即杀牲歃血,与盟者诵读盟书是誓言,盟必有誓随之。盟誓要面对神灵进行表白,凭借神的威力使誓词的实施得到保障,即盟誓双方都必须在同一神灵庇护下进行,“相互认同神灵,神灵能对双方都有约束”。氏族、部落阶段,盟誓的作用是凝聚部落成员,使他们团结在神的旗帜和宗教组织周围,从而达到整个部落的团结稳定。作为一种共同的世界观,宗教信仰和以盟誓献祭为主的宗教仪式成了以后雅隆悉补野部落统一青藏高原的基础。

吐蕃王朝建立后,盟誓的整合作用十分突出,成了王朝政治生活

---

① 尕藏才旦著“藏族节日探源”,《西藏民俗》,2002年第2期,第46页。

的特征，通过它来加强吐蕃王室与各小邦之间、与各部落乃至诸臣之间的联系，保证各属部首领和大臣对赞普权威的忠诚与服从，从而加强控制。《旧唐书·吐蕃传》记载：吐蕃赞普“与其臣下一年一小盟，刑羊狗猕猴，先折其足而杀之，继裂其肠而屠之，令巫者告于天地山川日月星辰之神云：‘若心迁变，怀奸反覆，神明鉴之，同于羊狗。’三年一大盟，夜于坛台之上与众陈设肴馔，杀犬马牛驴以为牲，咒曰：‘尔等咸须同心戮力，共保我家，惟天神地祇，共知尔志。有负此盟，使尔身体屠裂，同于此牲’”。（卷一九六上）严格地说，这种以盟誓来表达臣下对赞普的效忠，从宗教方面解释即是对神灵的敬仰和绝对服从。随着社会进步和经济发展，盟誓没有退出历史舞台，依然活跃在人们的生活中，通过盟誓可以平息部落之间的争斗，解决草场纠纷，甚至一切命案。因为，虽然人们生活在不同地方，却有着相同的宗教信仰和价值观念。佛教得势后，所发挥的整合或凝聚作用较苯教更为强大。吐蕃王朝灭亡以后的分散割据时期，在原吐蕃王朝统辖的范围内出现了不少由云丹和沃松两位王子的后裔建立的地方政权，他们割据一方，各地为政，冲突不断。这时候，宗教作为一种特殊的社会制度，以其特有的宗教组织和礼仪，即依靠他们在信仰、情感和意愿上的高度一致性发挥了积极的整合作用或凝聚作用。如远在西部的拉达克、古格、普兰、亚泽等地方王朝的首领每年派人向拉萨大昭寺献供，甚至提供大量的珍贵财物修饰大昭寺和桑耶寺等著名寺院，制造佛像。佛教作为一种桥梁，沟通了彼此间的情感，调和了不同阶级、阶层、集团之间及其内部的相互冲突。而且还通过不同层次的佛教僧人将信徒团结在一起，动员他们投身于一致的目标。

萨迦、帕竹等地方政权时期，其政权首领即是出家人，在这种相对简单的社会里，宗教有助于社会凝聚的功能非常明显地表现出来，个体或群体对宗教信仰的自觉和价值的认同，同时也是对权力的自觉服从，在他们的眼里首领即是高僧，他与佛神有同样强大的威力。所以，这一时期对权力的服从，也是建立在共同的宗教信仰基础上。为了追求被神圣化了的价值或利益，信徒们具有狂热的献身精神，甚至为了维护他们共同的利益，群体的成员将生死置之度外。宗教之所以在藏族社会发挥如此的整合群体、凝聚人心的作用，因为藏传佛教可以是藏族社会单一的或绝大多数人信奉的宗教，适应这个社会的生活方式。对藏族来说，如果没有了宗教，生活就像失去意义一样，宗教是他们生活的动力。

藏传佛教有各种各样的宗教活动，如转山、祭湖、火龙年法会、曲弥法会、大祈愿法会、雪顿节（晒佛节）等。火龙年法会，亦名“丙辰法会”，是后弘期初期由古格王朝绛曲沃的侄子孜德王为纪念阿底峡大师于 1076 年在阿里举行的，是佛教传入西藏以来举行的第一次大型法会。参加法会的有来自印度、尼泊尔的班智达 10 人和阿里、卫藏、康区、安多的许多著名僧人。曲弥法会是萨迦派第五祖八思巴发起并于 1273 年在卫藏地方主持举行的盛大法事活动，也是他以大元帝师身份在西藏召开的第一次法会，卫藏、康区、阿里等地 7 万多僧人参加了法会，共 14 天，凡与会者每人分得黄金一钱。大祈愿法会是 1409 年格鲁派创立之前由宗喀巴主持召开的一次大型法会，有 2 万多人参会。这三次法会都是在特定的历史背景下召开的，具有共同的特点：一是佛教在西藏从恢复逐渐趋向完善的发展过程；二是政权体制从初建到健全的过程；三是由地方势力支持资助而召开的不分地区、不分教派的大集会，进一步自觉地将佛教当成维系统治的工具；四是希望通过法会，推动佛教发展；五是每次法会的召开意味着一个新时代的开始。举办法会者都试图通过法会缓和社会矛盾，增强凝聚力，在不平等的社会制度中和谐的生活。在现阶段，宗教使社会的个人、群体或社会各势力、集团凝聚为一个统一的整体，并且促进内部的团结；宗教的社会整合功能能够调动广大信教群众建设社会主义的积极性。

二、社会控制功能

社会控制的含义十分丰富，一般指社会对作为社会行为主体的个体或群体的行为的各方面予以约束，[1]使他们遵守社会规范，维护社会秩序，实现社会和谐与安定，促进社会不断发展。或者说，依靠社会力量，以一定的方式影响社会生活的各个方面，协调各种关系，保持社会和谐发展。控制的手段多种多样，如法律、行政、习俗、道德、宗教、舆论等。宗教的社会控制作为其中比较重要的一种手段，在人类各个社会中发挥了巨大功能。较其他形式更具有感情色彩，更有自愿、自律和持久性，因而对信教群众的思想行为更富有控制力。

那么，宗教的社会控制功能就是借助或利用超自然神的威力，达到稳定社会的目的。陈麟书在《宗教社会学通论》中说：宗教基于其对社会或团体成员的控制，合理解释造成社会混乱、破坏社会稳定的原因，达到消除这些原因所导致的反社会力量，保持社会稳定。

宗教社会控制功能分为积极控制功能和消极控制功能两种。积极控制功能是指通过经典、教义、教规等要求信徒或教徒守戒行善，严于律己。消极控制功能指违戒后所采取的惩罚办法。就社会控制的过程来说，大概有三个方面，一是从思想到行为的控制过程；二是从个人到宗教组织的控制过程；三是从宗教组织内部到社会协调的控制过程。[2] 宗教控制利用神的力量，采取自上而下的绝对控制和自下而上的绝对服从等形式，即以神制人。因为，这种形式或方法“比直接以人制人效力更明显，更能征服人的思想，约束人的行为”，统治者一般都乐于将宗教用作主要的社会控制手段。

在不同的社会里，宗教所发挥的社会控制作用不完全一样。藏族社会也不例外，同其他信仰多种宗教的社会（或民族）比较，宗教对藏族社会的控制作用更加巨大。藏族分布在青藏高原上，东部地区靠近汉族，社会发展水平相对较高，西藏处于藏族地区的最西部，周围大山环抱，社会经济发展相对滞后。但不论是东部地区的藏族，还是西藏的藏族，他们信仰共同的宗教，并非居住地不同而信仰不一样。按照

---

① 孙尚扬著《宗教社会学》，北京：北京大学出版社，2003 年，第 123 页。

② 吕鸿儒、章世俊著《宗教的奥秘》，郑州：河南人民出版社，1989 年。

人类社会发展的一般规律，藏族也经过了从原始社会、奴隶制社会、封建农奴制社会到社会主义社会，宗教方面经过了由早期的神控制到后来的佛菩萨控制的过程，每一个社会时期其控制作用发挥的程度不同。佛教传入之前，苯教是唯一的宗教，其众多的神灵对全民普遍有一种神奇的约束力，维系了生产生活秩序。进入阶级社会后，宗教使统治者的权力获得神圣的合法性与权威。如雅隆悉补野部落联盟的“天赤七王”魂逝天界，部落首领以神的化身或神本身自居，赞普本身就具有神的特质与能力。因此，他们也有超人间的神圣权威，人们对赞普或部落首领权力的服从，也等于对神灵的敬畏，大有裨益于维系统治者与被统治者之间的关系，从而达到宗教控制的目的。研究成果反映，苯教中的“堆苯”（或称白苯教）承认前世后世，即认为人死以后转生为鬼或神，而鬼死后也转生为人，意思是人死后转成善神还是恶鬼，主要取决于人在现实社会中的所作所为，如果行善有可能生为善神受到供奉，若是作恶则生为恶神遭到驱赶。苯教试图通过这种思想规范人们的行为，发挥维护和稳定社会秩序的功能。这种思想与佛教所宣扬的因果报应思想相近。

前面说过，藏民族所信奉的宗教相对比较单一，历史上长期实行“政教合一”或确切地说政教联合的统治制度。在这样的社会里，“社会生活染上了浓厚的宗教色彩，二者融为一体，很难在圣俗之间作出泾渭分明的区分”。佛教思想不仅为王权统治提供理论依据，论证统治的合法性，而且可以化导人民甘受痛苦，不生怨心，不起怨行，教育人民今世的穷苦是前世所作恶因的结果。人们相信这种“因果论”，同现实妥协，顺应统治阶级的愿望。吐蕃时期，赤松德赞倡佛和赤祖德赞的佞佛，采取各种措施支持僧人译经、讲经、布道，开展形式多样的宗教活动，利用佛教教义和教规控制教徒及不同阶层人的思想，从而缓和了社会矛盾。

后弘期佛教早期的一段时间内，随着教派的形成，各种宗教组织涌现出来，宗教领袖联合地方势力共同控制寺庙和僧伽组织，社会相对稳定。但是，随着社会经济发展，相当一部分僧侣追求世俗利益，在思想和行为上放松了自我控制，宗教组织内部控制日益松散，不但影响到佛教自身的发展，也不能帮助社会去有效地进行控制。15世纪，应宗教自身和社会发展的要求，宗喀巴对宗教进行整顿，重新强调戒律的严肃性，纯洁僧伽队伍，倡导一种对于僧侣个人生活和公共生活的各个领域的一切行为加以管理的控制方式。作为僧侣重新加强了自我控制，大多数信徒受此影响自觉而积极地接受由宗教实施的社会控制。宗喀巴宗教整顿所倡导的严守戒律、正修佛法，与当时帕竹统治者所宣扬的精神相一致。

五世达赖喇嘛以后，即格鲁派取得西藏地方的绝对统治权后，藏传佛教自身不仅提高了参与社会、控制信徒的能力，统治阶级也加强了利用宗教的控制功能，“去禁锢人民的思想，束缚人民的行动，以维系剥削阶级所需要的社会秩序”。永乐八年(1410)，永乐皇帝在给释迦也失(失家摄聂)的敕令中写道：喇嘛教“以导引夫一方之人，去其昏迷，响慕善道……上足以阴翊皇度，下足以劝善化俗”。(《故宫博物院影册》东北图书馆印行)嘉庆《理塘志略》对扶持藏传佛教的目的记述极明了：“以有道之高僧主之，广其居，厚其禄，名之大喇嘛，彼(指藏民)以为大喇嘛即佛也，……惟大喇嘛之命是听，……夫大喇嘛为我皇上之所简放，以治斯民，则大喇嘛固倾心输诚于我皇上也。佛而倾心输诚，彼民焉遂凛王之章，服王之教，听命于我皇上也。此无声之教，无形之化”。宗教信仰能给社会的准则和价值观以神道的支持，以维护现行的社会制度，控制社会越轨行为的发生，因而它是藏族社会控制的一种特殊手段。藏族所信仰的苯教的“灵魂不灭”和藏传佛教的轮回思想，无疑让人们的行为举止循规蹈矩，行善做好人，不能干坏事。这样，不但维护了宗教自身的威严，而且有力地维护了藏族社会的独立性和传统秩序。

社会主义时期，宗教控制功能的积极作用日益增强，尤其在西藏这样一个几乎是全民信教的地区，藏传佛教有利于维护和保护社会的稳定，在维护祖国统一，民族团结，社会安定，边疆巩固和民主法制建设方面发挥了极其重要的控制功能。

三、行为规范和心理调适功能

宗教规范体系是宗教出于自身的需要建立起来的,用来约束和规范教徒的行为,同时它又作为社会规范的核心或一部分规范引导社会成员的行为。

行为规范功能,主要是通过宗教戒律和道德原则发挥的,每一种宗教都有它的戒律。藏族早期以部落习惯法和苯教的一些仪式规则来约束人们的行为,要人们虔敬上下神祇,崇拜自然神秘力量;要尊敬父母,尊重长辈;要以贤哲为师,勿与贤哲相争;要亲邻助友,勿作侵害;要相信因果,戒绝恶行;要有是非之心、善恶之念等。佛教一经传入,其戒律立即受到高度重视,作为制定社会法律的依据。松赞干布根据佛教的不杀、不盗、不淫、不妄语、不恶口、不两舌、不绮语、不贪著、不嗔恚、不邪见等十善法制定了《在家道德规范十六条》,要求全社会每个成员严格遵守十六条,以规范自己的行为。佛教的戒律和世俗规条相结合达到了更加有效地监督人民遵守社会行为规范。赤松德赞和赤祖德赞两位赞普分别实行"三户养僧制"和"七户养僧制",给予佛教僧侣极其优厚的待遇,制定了《金色鹿图法规》和《三宝法》等,从法律上规范人们信佛的行为。严格地说,这些法律是以佛法为基础而建立起来的道德规范,反映了宗教规范与社会秩序中各种规范的高度重叠,以及宗教在范导人们行为方面更为突出的社会化功能。进入封建农奴制社会后,佛教文化取代苯教文化而成为藏族传统文化的重要组成部分,世俗化程度越来越明显。佛教戒律在某种程度上充当法律,发挥着比法律本身还要明显的行为规范作用。如果说人们对法律的遵守和服从是被动的、强制性的,那么对于佛教戒律条规则是自觉地、自愿地、主动地、虔诚地去执行,可以说没有任何强制性的手段。

在藏区,几乎每个宗派和每一座大型寺院都有自己的法规及管理条例,这些法规条例约束的不仅仅是宗教僧侣,而且也深深地影响着周围的群众。地方政府的法律条款中也不乏宗教内容,如帕竹地方政权的《十五条法律》、藏巴汗的《十六条法律》和噶厦政府的法律中的“杀人命价律”“狡诳洗心律”“盗窃追赔律”“奸淫罚锾律”是以佛教五戒中的“不杀生”“不妄语”“不偷盗”“不邪淫”为主要依据制定的。藏巴汗制定的《十六条法律》(或《十六法典》)认为王法与佛教的戒律密切相关,第一,惩罚严重违反佛教戒律的行为。佛教教义认为,犯五无间罪之一者要堕入无间地域,受数世的煎熬之苦,所以视此罪为“十恶不赦”的重罪,规定施以挖眼、抽筋等酷刑,直到处死。奸淫、偷盗、伤害等严重触犯宗教戒律的行为也要受到法律的严厉制裁。第二,寺院佛殿为神判的主要场所。《十六法典》认为,断案的公正是因为“以具有慧眼和神变神通的护法为证区别真伪”。因此诉讼双方主要在佛殿和佛像前起誓,并说明若有违反行为甘愿接受报应。处理人命案件,要以佛教仪式超度亡灵。当时,把神判作为主要的审判手段,必须起誓,以神祇为证。因为,首先参与制定法律的人要么是僧人,要么是虔诚的宗教信徒;其次宗教是人们生活的主要部分,将佛教戒律内容纳入地方法律中,以强制的形式来约束人们的言行,可以起到世俗法所不能起到的作用,增加俗法的权威性,使法律更适合民情。张践在《宗教·政治·民族》一书中说:宗教规范是“以有效的监督人们遵守社会行为规范。比起俗的法律和道德,宗教的戒律是以对神灵的信仰为前提的,具有神圣性和补偿性的特点,能够将不同利益群体的价值观统合起来,所以能够发挥世俗的行为规范不能发挥的作用”。[①] 宗教法大于世俗法,宗教法的约束规范作用胜于世俗法,高僧的宣教能够解决世俗法所解决不了的问题,宗教具有社会法权。

15世纪初,宗喀巴针对当时宗教界出现的践踏戒律的严重现象进行宗教整顿,根据《戒律本经》《侍师五十颂》《菩萨戒品》等佛教律典,重塑了戒律的严肃性。这次整顿在宗教界和世俗社会都产生了巨大影响,而且得到包括世俗群众、统治阶级和广大僧侣的普遍响应,他们

---

① 张践著《宗教·政治·民族》,北京:中国社会科学出版社,2005年,第84页。

都自愿自觉地以戒律约束自己的行为。客观地说，宗喀巴的宗教整顿使以宗教文化为主流的藏民族传统文化尤其是精神文化完全形成，人们所追求的价值观一样，众善奉行、诸恶莫作、慈悲利众、修行成佛、忍辱无争，即是道德价值观，也是宗教价值观。恪守佛教戒律，规范行为，是实现价值观的基础，也是对佛菩萨的最好敬奉。如果不遵守佛教戒律，也就是对佛的不敬，谁破坏了戒律准则，谁就是不敬佛，神佛就会降罚；只有今生积德行善，不做恶事，来世必然得到善报，或生善趣，或去西方净土，或成佛。人们习惯于以佛教戒律思想的好恶来评判一切，从而形成了慈悲为怀、宽容相待、诚实公正的社会风气。这即是宗教要求信徒教徒以戒律自律行为的补偿。

藏民族与其他民族一样，在不同的社会时期制定了合适的地方法律和道德规范。然而，这些法律和道德监督的约束能力是有限的，而无所不在的神佛、菩萨被奉为最高主宰者，他们的监督作用法律是无法相比的。尤其在藏族地区，宗教的监督约束能力胜于地方法律。这是由藏族所生存的特殊环境、价值观念和宗教信仰的单一行所决定的。

宗教在个体和群体的心理调适方面同样履行着重要功能。宗教的心理调适功能“是指通过特定的宗教信念把人们原来心态上的不平衡调节到相对平衡的心理状态，并由此使人们在精神上、行为上和生理上达到有益的适度状态，以消解精神的痛苦”。[①] 在任何一个社会里，宗教都借助其超人间的力量，为社会成员提供心理上的慰藉和安全感。早期生活在高原的人们在受到自然的威胁之时，苯教或原始宗教及时提供心理安慰。那么，怎样才能使人们的心理得到安慰，生活有安全感呢？苯教认为，自然界的每一处都有神灵在栖息，人们只要时时进行祭祀，全面地娱乐诸神，神就会给予人们保护或安全感。苯教巫师（墓地苯教师）特别擅长于丧葬仪式，按照宗教社会学家的研究，宗教葬礼的重要功能就是帮助其成员在面对死亡恐惧时，恢复心

---

① 龚学增主编《宗教问题概论》，成都：四川人民出版社，1999年，第57页。

理平衡和士气，也使家庭成员克服对死者可能会危害活人的心理恐惧。[①]

苯教的恰苯派认为，现实生活中有鬼神存在，神是在人活着时保护人的生命的，鬼不仅在人活着时主宰人的生命，而且在人死后由鬼把灵魂带走，鬼还能给家庭和后代继续带来危害。因此，对保护人的神要供奉献祭，对危害人的鬼要驱赶。巫师在丧葬活动中通过举行的一系列仪式，一方面祈祷死后不要变成厉鬼，另一方面安慰死者家庭成员，以消除恐惧感，达到心理平衡。尽管这样，苯教在发挥其慰藉功能时，并没有像藏传佛教那样完全否定现实世界的价值。

虽然佛教在7世纪已经传入西藏，8、9世纪处于兴盛，但直到吐蕃王朝灭亡以后的分散割据时期才开始发挥它的慰藉调适功能。分散割据时期应在内地的宋至五代十国阶段，是西藏社会从奴隶制向封建农奴制过渡的特殊时期，即社会转型的关键时期，各地方势力你争我斗，互相争夺势力范围，经济萧条，人民生活窘迫，处于纷乱痛苦中。当他们无力与压迫剥削阶级作斗争时，宗教便成为他们解脱烦恼的精神寄托，“诸行无常”、“因果报应”、“极乐世界”、“人生是苦”等使人们了解了人生的本质，精神上暂时得到安慰。乘此机会，各地方割据势力争相扶持教派发展，并与僧侣中的高级僧人结成统一的联盟，加大了对人生是苦、业报轮回教义的宣传，希望通过这些安慰受苦的心理，帮助他们缓解对社会的绝望而产生的怨恨。

藏传佛教看重出世，轻视现实，即重视彼岸世界的价值，否定个人奋斗的价值。认为现实人生是苦海，这是前世的“业报”，要摆脱人生苦难，唯一的办法只能是默默地承受苦难，忍辱无争，积德行善，不造恶业，通过现实的积极抗争难以实现。同时，为脱离不了轮回之苦的众生给予心灵上的关爱，佛教描绘出了一个珠宝宫殿精舍、七宝应器俱全的虚幻的世外桃园，即净土世界。密教《时轮根本经》所提出的“香巴拉”(香格里拉)就是一个美妙的净土世界，它位于雪山中央的西

---

① 孙尚扬著《宗教社会学》，北京：北京大学出版社，2001年，第132页。

端，形如莲瓣，周围由雪山环抱，从白雪皑皑的山顶到绿草地中间有岩石山、泥土山、草山和森林，生长着各种鲜花和药草；湖泊星罗棋布，绿树成荫，分布着许多修行圣地。中央的宫殿富丽堂皇，周围有大小池塘等。佛教试图以这些来消除人们由怨恨带来的对社会秩序的稳定的威胁，使“在现实世界所承受的苦难，在虚幻的彼岸世界里得到补偿”。鼓励人们通过忍修，树立生活的信心，“对来世的美好愿望慰藉着自身的不幸和痛苦，甘于忍受环境的艰辛、生活的贫穷”。藏族大多数人信仰宗教，他们是社会主义现代化建设的依靠力量，藏传佛教的心理调适功能不但有利于建构自身的和谐，而且也有利于建构人与人的和谐以及人与社会之间的和谐。宗教为他们提供的精神慰藉和思想升华功能，能解除因社会带来的心理烦恼及精神压力。

四、文化教育交流功能

宗教对文化的传播传承作用不容忽视，而且有其特殊性，因为宗教本身是以某种神灵信仰为基础的社会文化体系，而且在相当长的历史时期内是许多文化系统的核心。纵观整个藏族历史，与外界的交流和交往，首先是从宗教文化交流开始的，僧侣在此交流中充当排头兵，发挥了极其重要的作用。吐蕃时期是这样，元、明、清乃至民国年间也是如此。僧人作为最有文化特权和唯一的知识分子，不仅将博大精深的宗教文化遗产传承下来，而且充当文化使者的角色。

早期巫师作为神人交通的媒介，既是神的意志的、唯一的权威阐释者和实际掌握者，也是掌握各种知识的文化传播者，同时在社会教育中又承担着主要的教育责任。后来，佛教文化融合苯教文化取得了主导地位，成为引导吐蕃文化未来潮流的核心力量。桑耶寺的建成，开启了寺院培养人才并汇聚人才的风气，确立了寺院教育在吐蕃教育中的地位。在整个吐蕃王朝时期及其以前，宗教与教育有着非常密切的关系，苯教神职人员和佛教僧人，作为一切文化知识的掌握者和传播者，肩负着教育的重任，宗教教义和经验教育作为重要的教育内容，通过各种宗教活动教育王室贵族子弟宗教礼仪、伦理以及其他知识。

随着宗派势力的扩大和寺院的增多，每一个教派以其特有的组织方式将一批批信徒聚集在周围向他们提供良好的学习环境和机会，因此宗教组织垄断教育机会。格鲁派是藏传佛教诸派中最晚形成的一个教派，它的寺院教育是在其他各派寺院经法教育的基础上形成、发展并完善起来的，在教师级别、教学内容、学程学制、学位考试和晋升等方面都有非常严格的制度。学程方面，按照严密的佛学体系而制定了先显后密，即先理论教育后进行实践教育，重视基础教育。教育内容，除了佛法等神学外，也教授历史、语言、医学、历算、建筑、艺术等大小五明学。

寺院的核心是教育，寺院教育面向大众，它所发挥的特殊文化传递功能和对藏民族传统文化所起的传承作用是其他任何宗教教育无法比拟的，它普及规范了藏族文字，丰富发展了藏文，创造出了包括佛法、文学艺术、天文历算、医药医术、历史地理、哲学伦理、建筑设计、绘画雕塑等方面数以万计的文化典籍，造就了一大批颇具影响的人才。在过去，寺院教育的确起着扫除文盲、培养人才、创造文化、普及传递文化的特殊作用。

在藏区，几乎每一座寺院是一所艺术宝库和图书馆。萨迦寺被誉为“第二敦煌”，其南寺内珍藏着大量的具有艺术价值的文物：封诰、印章、佛像、法器、供器、瓷器、服饰等，大经堂的通壁大经架上，有放着用金汁、朱砂等手抄的《甘珠尔》《丹珠尔》经书；二楼藏书室“贝竹康”内，珍藏着很多有关历史、医药、历算、天文、地理、文学以及名人传记书籍。[①] 其他寺院，如扎什伦布寺、哲蚌寺、色拉寺、甘丹寺、布达拉宫、大昭寺、强巴林寺、敏珠林寺、拉卜楞寺、塔尔寺、白玉寺、竹钦寺等，内藏浩如烟海的各种书籍和珍贵文物，人们通过这些认识历史，起到了很大的文化传承功能。

宗教是文化代代相传的载体，僧侣是宗教文化的主体。藏传佛教

---

① 邓侃主编《西藏的魅力》，拉萨：西藏人民出版社，1999 年，第 52 页。

僧人在对外文化交流，发展藏族传统文化方面做出了巨大贡献。吐蕃时期，僧人受赞普的支持去近邻的印度、泥婆罗等国学习，将大量佛教经典携回翻译成藏文，对藏传佛教的形成奠定了厚实的基础。沙洲曾作为唐、蕃、回纥和西域之间的交通要塞与文化中心，吐蕃完全控制这一地区后，一批学僧来到这里开展宗教、学术活动，被称为“大德三藏法师沙门”的法成就是其中之一，他长期在沙洲的永康、开元二寺讲经译经，从汉文翻译了《解深密经疏》《金光明经》《入楞伽经》等几十部显密经典，并将藏文《般若波罗蜜多心经》《诸星陀罗尼经》等译成汉文，为汉藏文化交流做出了突出贡献。元代，以萨迦派高僧为主的藏传佛教僧人纷纷东向传法，遗留下北京居庸关云台浮雕像，杭州飞来峰佛窟，福州清原山碧霄岩摩崖石刻等珍贵造像，引进了汉地的建筑和刻板印刷技术。明清时期，获得法王、西天佛子、大国师、灌顶国师的僧人及其他高僧每年组成规模庞大的朝贡、观光团进京，将藏族文化在满蒙地区传播开来，在京城及其周围地区建筑了不少藏传佛教寺庙。进入民国年间，汉藏高僧相互交流达到有史以来的最高潮，九世班禅、白普仁、多杰觉拔、诺那活佛、贡嘎活佛、根桑喇嘛等高僧在内地传法传戒。

五、参与政治决策的作用

宗教除了上述功能外，还有参与政治决策的作用。在藏族地区，不论科学技术不发达和缺乏民主氛围的古代社会，还是近代宗教中的某些活动是政治决策过程中必不可少的工具，宗教始终参与政治，分享着世俗权力，政治或者世俗权力总是对宗教有一种依赖感。藏族信奉的宗教中，苯教是最早参与政治决策的宗教，它有各种各样的仪式，其九乘中的“恰辛乘”（占卜星乘）有 360 种仪式和 84000 种巫术活动方式，即讲占卜。苯教的占卜形式有骨卜、鸟卜、梦卜、线卜、鼓卜、箭卜等。《敦煌藏文写卷》详细记载了巫师的各种占卜活动，出征作战、建筑、议政、生活起居、祭祀等重大活动的决策，都要让巫师进行占卜决定，“以占卜得来的神意指导政治实践”。《贤者喜宴》说，从聂赤赞普起，到第二十七代赞普之间，以故事、谜语、苯教护政。故事员（仲）、谜语师（德乌）和苯为苯教的三种僧人，某些重大活动都要请他们来参加，他们在赞普左右享有崇高地位，并参与政事的决策。据苯教文献记载，雅隆悉补野部落时期的每一位赞普（首领）身边有由苯教巫师担任的“古辛”，他的职责从原来的御医和宗教活动的主持者而扩大到赞普的参事，拥有很大的权力。《世间苯教源流》说：“没有辛苯发话，王不敢发号施令，大臣就不议事；无三首辛歌起头，君臣就不吟歌起舞”。这一类苯教法师一般留有很长的发髻，额头上的白丝绸上插着鹰羽，身着雪猪猁和白狼皮裘衣，衣襟上缝制虎豹衣领，鞋上用白银鞋扣。他发言前君臣都不得言语，早晨用餐时在听到上师敲击鼓、钹三声之前，君臣都不得进餐；法师没唱三支歌前，君臣都不得放歌，对上师争吵便破其口，对法师翻白眼则剜其眼；对法师皱鼻则割其鼻。直到8世纪赤德祖赞时期，“古辛”一职才被废除，但苯教的政治决策作用并没有因此而消失，而是融入到佛教中，以佛教护法神师（曲窘）的身份继续发挥作用。原西藏地方政府有拉穆、乃窘、雄东等几位地位颇尊的护法神师，他们经常参与政府重大事务的决策，尤其遇到一些不能决断的要事时，请出神汉（曲窘）来占卜、降神。1886年，英藏在锡金和西藏边界发生冲突，由于护法神师降神的影响，藏军本应占领的山头没有占领，结果英军在没有遇到任何抵抗的情况下占据山头。1904年，英军侵入西藏，乃穷护法神预言英军不会侵入拉萨，结果预言错误。甚至地方政府在达赖喇嘛成年之前由谁代理摄政的问题上也请护法神师占卜降神决断。护法神师实为巫师，地位较高。如拉穆神师传承了十几代，十二世达赖喇嘛授予他“达喇嘛”头衔，十三世达赖喇嘛将其提升为三品扎萨，可以与执政大臣噶伦们平起平坐。

联盟是政治组织的基本前提，联盟依靠会盟或盟誓来维系，会盟的思想基础是苯教神灵的威慑力量，凡是违背盟誓者将受到神的惩罚。雅隆部落联盟和在其基础上形成的吐蕃王朝以会盟形式实施王权统治，“而会盟又只能由苯教师来主持，他们被认定是人与神之间的使者、桥梁。地位绝对不可侵犯，在王朝政治生活中起着监督、联络、仲裁的作用，有些方面其影响和权威甚至超过了王室和贵族，与王权形成不可分割的有机组成。……（他们）是通过天神，即超自然的力量来摄伏臣下忠诚王室，强化部落联盟式的吐蕃王权政治”。[1] 凡是制度的制定、官员任命与处罚、军队出征以及其他重大的事务的抉择等都要通过会盟。苯教起着“护国奠基，祛除一切久暂违缘之事”的政治作用。

佛教传入西藏后，首先依附于世俗权力，从统治者那里不仅得到了传播的支持，而且也获得了“经过立法确立得到的相应的政治地位和经济补偿。”到了后弘期早期随着藏传佛教的形成和寺院数量增多、规模扩大，高僧、寺院与世俗权力结盟，相互寻求依靠。随着佛教的广泛传播，其哲学观念、价值观念和道德观念等逐渐被人们普遍所接受，宗教权威的膨胀使世俗统治者的权威日渐缩小，慢慢失去了它应有的号召力。直到格鲁派出现，尤其五世达赖喇嘛以后，宗教逐渐成为政教权力控制社会成员，加强专制统治的工具。

赤松德赞曾采取一系列措施兴佛，实行“三户养僧制”，封给桑耶寺住持益希旺波以大金字告身。赤德松赞给予僧人参政的权力，任命占迦·贝吉云丹和娘·定埃增桑波二人为钵阐布辅政（僧相）。“钵阐布者，虏浮屠豫国事者也”。[2] 迄赤祖德赞时将最高决策机构御前小会议完全交给僧人，授权钵阐布管理朝政，处理军政大事。《新唐书·吐蕃传》记载：“赞普立几三十年，病不事，委任大臣”，“国之政事，必以桑门参决”。他重用僧人的程度超过其父，将僧相拔擢于传统百官，即首席伦相之上。藏汉文史料印证，唐蕃拉萨会盟的主盟人是占迦·贝吉云丹。《唐蕃会盟碑》记载吐蕃方面首席代表贝吉云丹的名衔为“同平章事兼理内外国政大沙门钵阐布云丹”。白居易曾代唐宪宗撰《与吐

---

① 察仓·噶藏才旦著《西藏苯教》，拉萨：西藏人民出版社，2006年，第204页。

② 《新唐书·吐蕃传》卷二一六。

蕃宰相钵阐布敕书》云:"忠信立诚,故能辅赞大蕃,……思安边陲,广慈悲之心,令息兵甲,既表卿之远略"。吐蕃王朝时期几次大的政治事件,都与宗教有关。或者说,政治斗争通过佛苯之争的形式表现出来。

僧侣贵族专权的政治格局是随着西藏政教合一制度的形成和发展而形成的。13世纪中叶,八思巴受封为帝师,奉元世祖之命建立萨迦地方政权,管理西藏地方政务。萨迦政权的最高首领是八思巴和其他历任帝师,当帝师住在大都时,由萨迦住持即萨迦法王负责。14世纪,噶举派僧人绛曲坚赞建立帕竹政权,替代萨迦法王在西藏的统治,确立了首领继承原则和方式,规定帕竹政权的最高掌权者是自幼学佛的僧人,"不同妇人厮混,戒行严整,根本不饮酒"。"宗"(相当于现在的县)一级地方政权亦须由僧人掌管。绛曲坚赞之后的历任首领都是僧人。

明崇祯十六年(1643年),五世达赖喇嘛洛桑嘉措和四世班禅洛桑确吉坚赞借助于蒙古和硕特部固始汗的力量,推翻了由噶举派法王支持的藏巴汗统治和与格鲁派为敌的其他地方势力,取得了统治权。珠尔默特那木扎勒事件后,乾隆授权七世达赖喇嘛格桑嘉措领导新建立的噶厦管理西藏地方事务。噶厦地方政府下设"译仓"(秘书处)机构,由四名僧官共同管理,他们直接受命于达赖,地方政府的一切公文、命令,均需译仓盖章才能生效。同时,译仓还监督和制约地方政府工作。七世达赖制定:"基巧"(相当于现在的地区行署)和"宗"的官员必须是一僧一俗;寺院有权直接委派官员,行使司法权。噶厦的四名噶伦中的首席噶伦必须是僧官。重大事务的决策没有僧人参与是不能决断的。寺院设立法庭,直接行使审判权,以神佛之意指导政治实践。

在其他藏区,实行上层僧侣和土司联合专权。组织形式有两种:一是农奴主贵族兄弟,一人继承土司职位,掌握世俗统治权,另一人出家为僧作寺院住持,掌控宗教统治权;二是上层僧侣参加土司的固定会议,参与重大问题的决定。[①] 四川德格土司的承继方法是:长子出

---

① 孙怀阳、程贤敏著《中国藏族人口与社会》,北京:中国藏学出版社,1999年,第48页。

家，管教权；次子继承土司，管政权。如系独子，则土司兼管教权，赋予寺院以世俗统治权力。德格土司辖区的所有事务，由涅巴（总管）会议主管。涅巴的产生，由大小头人和更庆寺高僧提出，经土司五大家庙，即八蚌寺、竹庆寺、协庆寺、噶托寺、白玉寺的活佛卜卦认可后，由土司委任。其他部落的情况亦如此。只要通过宗教活动，得到神佛及高僧的支持，就足以提高民众对政教的信赖和敬畏。宗教的政治作用和心理作用是不可否认的。

在某种程度上，政治行为的目的是和宗教行为的目的互相结合，通常一些重要的政治目的部分是通过宗教手段来达到或实现的，宗教的目的也是利用政治手段来实现。解放前西藏和其他藏区的情况反映，政治官员往往受到宗教官员或宗教人士的控制或威胁，权力的合法性有时通过宗教途径来实现。

第五章 宗教文化与教育

一、民族思维与传统教育形式

思维方式是一个民族思考问题、认识客观世界的途径和模式，由于自然条件、地理环境、生活方式及宗教信仰等诸多方面的特殊性，每一个民族的思维方式各有不同。藏民族生存的地区海拔高，气候寒冷，空气稀薄，山势陡峭，山峰高耸，河流湖泊众多，草原辽阔，因此，形成了自己独特的生活方式和万物有灵、以成佛为指归的宗教信仰。按照《藏族传统宗教思维方式初探》一文所说：藏族先民在思维活动中，以投射—幻化方式将自然物为主的万物人格化，形成了崇拜自然、万物有灵的宗教观念，是以主客体互渗为主要特征的原始思维。[①] 佛教传入后，佛苯两种文化相互渗透，是苯教文化圈内的人接纳了佛教文化，佛教文化并没有代替苯教文化，而是作为以苯教文化为基础的藏族传统文化中的主导文化存在。这种在两种文化相互吸收、融合过程中的自主选择使两种文化相互取长补短，实现了双向文化交流。传统的以"万物有灵"的思维被保留下来，并和佛教的思维方式相结合，形成了以成佛为指归，以思考人与佛的关系，人如何成佛等各种问题的新的思维，成为民族心理素质的核心。这种思维方式和价值观念深层次的内容，是轻易不会改变的。从肯定到否定，再到否定之否定，这种建立在共同生活方式及宗教信仰基础上的民族思维与价值观，构成了藏民族共同心理素质的核心，成为增强民族凝聚力、向心力的一项重

① 江巴吉才、潘建生著"藏族传统宗教思维方式初探"，《西藏研究》，1992 年第 1 期。

要内容。总之，受两种宗教文化长期熏陶而形成的民族思维既简约直观，又严谨缜密，具有较强的神秘性。

教育是传承和发展文化极为重要的因素。在藏族地区，宗教教育或寺院教育曾是社会上唯一的教育形式，也是民族文化传播的主要方式。一般教育是指学校教育，广义的教育则指社会上一切有教育作用的活动，形式广泛。在远古时代，没有国民教育的情况下，人们更多地依靠蕴藏于风俗习尚之中的非学校教育获得知识。这种直接的教育形式，以长者为师，晚辈为徒，口传身教。进入父系社会以后，社会逐渐分化，巫师承担起社会教育的责任，尽管当时没有独立的（专门）教育机构，仍有不少教育形式，知识通过巫师的口传或其他教育方式代代相传。

宗教活动场所既是民族文化教育中心，又是社会交流活动及集合的地方。进入现代社会以前，寺院教育几乎是藏族唯一的教育形式，其他教育形式如私塾教育等其教育内容基本上以宗教内容为主。宗教教育（或经堂教育）或寺院教育分苯教寺院教育和佛教寺院教育两种。根据藏文史料记载，早在雅隆部落联盟的“天赤七王”时期已经有了苯教寺院，有关苯教寺院教育情况的记载却难以见到。学术界研究认为，苯教寺院教育始于公元10世纪，苯教文献说后弘期的重要人物伏藏师辛钦鲁噶（996～1025）发现了几部重要的苯教经典，传授给祖钦·南卡雍仲、旺丹·许易勒波、巴顿·贝却桑波和却拉·宇吉等人，后者将学到的《般若波罗蜜经》传给梅乌家族的族长阔巴·帕钦，由他修建涅姆桑日寺摄徒讲授。1027年，祖钦·南卡雍仲建叶茹彭萨卡寺；许易勒波建吉卡日香寺。叶茹彭卡寺是一所规模较大的苯教寺院，祖杰·雍仲喇嘛主持期间制定了所学的教材和所持守的戒律。在这里可以学修苯教大圆满方面三个传承的教法，即阿赤、年居和大圆满。该寺最盛时僧人达到1000多人，分上、中、下、壁角四个分院。1386年，上述几座寺院毁于自然灾害。1405年，年梅·喜饶坚参修建曼日寺，恢复了叶茹寺的教学。1834年，后藏的达瓦坚参修建雍仲林寺，成为苯教的活动中心。据载，苯教寺院开设的课程分显宗和密宗两部分，显宗内容与佛教一样，有因明、般若、中观、俱舍和戒律；密教方面主修《乘次第》《根本续深密相合》《虚空神话论》《朱嘉瓦的大手印教授》等。兼修藏文文法、天文历算、医学、曼荼罗制作和唐卡绘制等。每学完一门课通过考试升级，授予不同学位。学制方面也有严格规定。

藏传佛教寺院教育始于8世纪的桑耶寺，开始设学经班和修行班，开设显学、密法修炼、语言学、戒律、翻译等课程，采取“言传”和“口授”两种教学方式。王室子孙及贵族子弟都在僧人中择师识字习法。赤德松赞规定：“赞普王室之子孙，自幼年者起至执掌国政者止，都要在僧人中选委善知识者，尽量多地教以佛法，全蕃之境俱准许学习佛法”。这一时期佛教限于统治阶层传播，受教育者都是王室贵族子弟，寺院教育尚在建设阶段，还没有形成统一的教育体制，管理松散，组织涣散，制度不健全。教派形成后，寺院教育逐渐规范化，每个宗派都规定了自己的教育内容，但教育制度因各派教旨、寺院规模及其社会背景等的不同而有所差别，比较完备的当推格鲁派，它汲取其他各派的教育经验，在教师级别、所学经典、学程学制、学位考试和晋升等方面都有非常严格的制度。学程方面，先显后密，即先理论后实践。教学内容上，规定以《释量论》《现观庄严论》《中观论》《俱舍论》《律经本论》为必修课程。每部论有规定的学习时间，学完后根据辩论成绩决定升留和是否授予学位。

一般大型寺院设不同扎仓（相当于学院），如哲蚌寺有果芒、德央、罗萨林和阿巴等四个扎仓，其中前三个为显教扎仓，后一个是密修院。色拉寺有吉、麦、阿巴三个扎仓；甘丹寺设夏尔孜和降孜两个扎仓；扎什伦布寺设吉康、推桑林、夏尔孜、阿巴四大扎仓；塔尔寺有性相院、密宗院、时轮院、医学院和舞蹈院；拉卜楞寺有闻思院、续部下院、续部上院、时轮院、医药院、喜金刚院等六大学院。学程严格，教材统一，学制严谨，机构齐备，组织健全，方法独特，管理严格，从初级到高级具有一整套严格的规定，形成了经堂教育制度。

寺院经堂教育的发展过程中，除了传播宗教学说的内容，还包括一些天文历算、历史、医术医药、语言文学、设计、绘画、雕塑等方面的内容。但是，每个寺院的学程不完全一样，以哲蚌寺为例，因明部以《释量论》及其相关其他论著为主修教材，设五个班，各学一年，每年结束后经过严格考试，通过者方能升级。般若部设慧明班（罗日增扎）、七十义班（顿东九增扎）、下教班（雄沃增扎）、上教班（雄空增扎）、第一时班（嘎唐波增扎）、般若班（帕尔钦增扎）等六个班，前五个班学制各一年，后一个班两年。中观部设新旧中观两个班，分别主修月称的《入中论》和龙树的《中观论》，学制各两年。俱舍部设对法班，学制四年，主修世亲的《阿毗达磨俱舍论》。戒律部设嘎日沃吉班，没有规定学制。在过去，只有经过了寺院教育，才能成为一位文化人，所以，僧人有很高的社会地位。寺院教育是文化传播的主要渠道，寺院中的僧侣是社会上唯一有文化的人，寺院是学习文化知识的主要场所。正是由于寺院教育，才使得藏民族文化比较完整地保持下来。

二、寺院教育的特征

在藏族教育发展历史上，寺院教育曾是主要的教育形式，它和其他形式的教育一样，也经过了产生、形成、发展，趋于健全和完善的过程。寺院教育构成了寺院教育的整体，由于藏传佛教的派系复杂，各派寺院学经制度也存在差异。其中以格鲁派的寺院教育最为完善，它是以其他教派的寺院教育为基础，教育体制和教学大纲，包括课程设置、教学内容、教学进度等方面又影响到别派的寺院教育。因此，从吐蕃寺院教育到格鲁派寺院教育是一个不断完善、持续发展的过程。

格鲁派寺院教育汇集其他宗派寺院教育的特点于一体。主要表现在以下几个方面：

第一，学程严格，教材统一，学制严谨。11世纪伴随着佛教全面复兴，噶当、宁玛、萨迦、噶举等宗派相继形成，建寺风气之盛，僧伽之众多，人才之涌现，远非前弘期能比。各派规定了所修的核心教法，建立起寺院教育体制，形成了各自的教育学程。一个学僧进入显宗学院或闻思院（性相学院）都要经过规定班级的学习和学程。如宁玛派要经过5～11年的学习，萨迦派规定5个学程。噶举派在这方面虽然没有严格规定，亦因人而异，显密必修。格鲁派大致有13个班级，15年以上学程。但每个寺院的情况不尽相同，如哲蚌寺设15个班级，要学20年以上；色拉、甘丹二寺设13个班级；扎什伦布寺设12个班级，最少也要学15～20年。

密宗学院（阿巴扎仓）的学制不及显宗学院严格。宁玛派规定凡进入续部院（密修院）的僧人要接受3～6年的修行训练，掌握密法基本知识、仪轨和修炼方法。“进修的次序，第一是保护神的样子用心理创造出来，办法是自念经典而且默想在心中兴起的形象；第二，用心理的身体控制自己的血管、精体，等等；第三，实感到自己的内心真实性质。”[①]萨迦派续部院严格按照经典规定，初入寺者先接受各种仪轨教育，之后围绕道果教授，学习《喜金刚根本续第二品》等经典，认真修炼，学完第五学程的全部课程通过考试者，有资格作为本寺或他寺的“金刚教师”。噶举派支系众多，学程上并无严格规定，教学内容略有差异，一般要求密法修炼者在暗室中隐居3年接受心理训练，之后各自修炼。格鲁派分修行为观修和止修，即先修“生起次第法”，后修“圆满次第法”，修行实践无明确规定。

各宗派的教学基本上偏重自学和个别指导，但每个寺院对学僧的学业课程有一个总的规定。《藏族宗教与文化》中说：学僧在启蒙阶段主要学习基础知识和一些礼仪，要求掌握大小不同的宗教仪式、程序、经咒和法器等。学到一定程度后，按照规定的学习内容进行修习。宁玛派寺院分经学院和续部院，经学院（相当于显宗学院）学习的课程有《别解脱戒经》《律经本论》《阿毗达磨俱舍论》《大乘阿毗达磨集论》《中观论》《入菩萨行论》《现观庄严论》《辨中边论》《辨法性性论》《究竟一乘宝性论》《大乘经庄严论》《中观庄严论》等13部；续部院规定修习18部经论，其中重点学习经、幻、心三部的代表经典《金刚庄严续教密意集经》《秘密藏根本

---

① 李安宅著《藏族宗教史之实地研究》，北京：中国藏学出版社，1989年，第52页。

续》及《幻网经》。15世纪后，隆庆·智美欧色的《七宝藏论》(《如意藏》《法界宝藏》《口诀宝藏》《胜乘宝藏》《教理宝藏》《光明藏》《诸乘明义宗派宝藏》)作为主修教材。

萨迦派性相学院的必修课程有《现观庄严论》《中论》《量决定论》《阿毗达磨俱舍论》《入菩萨行论》《量理宝藏》等十三部论；密修院主修《喜金刚续》等。每年举行冬春夏三季法会，冬季法会上有总法台(总堪布)讲授《大乘阿毗达磨集论》，春季法会主讲《阿毗达磨俱舍论》与《中论》，夏季法会讲戒律经论。

噶举派的寺院教育相对松散，主修《胜乐根本续》《集密根本续》《大手印明点续》《喜金刚本续》《金刚四座续》及《桑布扎续》等。觉囊派设闻思院和修行院，闻思院必修《现观庄严论》《入中论》《俱舍论》《量决定论》、第一世嘉木样的《释量论广疏》、笃布巴的《山法了义海论》和多罗那他的部分著作。修行院主修《时轮根本略续》和《时轮根本略续无垢光疏》等。

格鲁派兼顾大小乘佛教，提出"三藏不可偏废，三学必须全学"。每个学僧(贝恰哇)必学《释量论》《现观庄严论》《中观论》《阿毗达磨俱舍论》《律经本论》等五部大论及其注释，它们是因明学、般若学、中观学、对法学和戒律学的基本教材，"至于学习每部大论时，应当阅读那几种注疏和参考书籍，"则不但各寺互不相同，就在同一寺院内的各扎仓之间也不一致。如因明学，哲蚌寺果莽扎仓选修第一世嘉木样的《释量论广疏》，扎什伦布寺则修第一世达赖喇嘛格敦珠的《释量论疏》和《正理庄严论》等。青海的塔尔寺和甘肃的拉卜楞寺还设有曼巴扎仓(医药学院)、时轮学院(天文历算学院)、羌巴扎仓(舞蹈院)，开设医学、天文、历算、绘画、舞蹈等课程。另外还学语言学、修辞学、韵律学、建筑学等知识。

上下密院是格鲁派最高的两大密法院，一般甘丹、哲蚌、色拉三大寺院获得格西学位者进入两院学习密教的各种经咒、仪轨和曼荼罗制作方法等，接受更加全面、系统的密法教育。两密院每日上殿4次，聚会集体诵经，主修科目是《集密》和《大威德》两类法，严格限定在寺内传习。除两大密院僧人，格鲁派另一部分实践僧人居住在各自密宗扎仓学习，他们除念诵基本经典外，还学习密教各种仪轨、咒语和防雹、降神、祈雨法等。

藏传佛教的这种寺院教育体制既体现了一个范式下一定程度的“多元一体”的特点，也体现了区域性和宗派性特点。反映了一个由低级到高级，由浅入深，由易到难，由见到行，先显后密，先理论到实践的逐步深化过程。

第二，教学方法独特，考试制度严格。师徒相传或叔侄相承是寺院教育的主要授法方式，背诵经文和辩经则是寺院教育最普遍的两种教学方法。读诵经文是每个僧人入寺后必须要做的，它是基础课，通过背诵来达到巩固知识的目的。

辩经是寺院用来训练逻辑思维的一个特殊教学方法，也是“学习经论、考核成绩、晋升学位的一种独特的教学方法。”辩论过程中，严格按照因明格式进行。藏传佛教的辩经始于吐蕃，但是把因明量论列为寺院的基本教学科目，并制度化为一种教学机制——辩论制是从恰巴·曲杰僧格开始的。恰巴量学的特点是把印度量论的组件进行重新组织，分成心类学、因类学和摄类学，列为寺院的基本教学科目。他之后的萨迦班智达贡噶坚参以唯识理论诠释因明，重点论述佛教的知识论、逻辑范畴和推理论等，在自比量中提出“论式”和“论辩”两种标准，注重培养学僧的辩论能力。到了宗喀巴不仅把因明用于辩论推理中，还将它作为修道的次第和成佛的途径加以重视，要求每个学僧必须学习应用。这种形式大体上分 3 种，辩经院辩经是最普遍的一种方法，一般在同级或上下年级之间进行，每天反复辩论。辩论时，答辩者盘膝而坐，问难者站在对面问话，有时问难者拍掌高呼，舞动念珠，姿态非常生动。问难者可以是一人，也可由几人轮流问难。这时候，熟背经典原文就显得非常重要，争辩中哪一方引用一段经文，就会对整个辩论起决定性作用。柳升祺撰文说：这种辩论特色答辩人始终处在被动的地位，“即使辩论的题目亦得由问难人临时提出，提问题的在把问题叙明之后，便照因明学的三支体系（宗、因、喻）的推理，推演下去，反复询问，以考验对方的认识和推论是否正确”。[①] 辩论时，问难者必须陈述清楚每句问话，对方用简单的语言答复。答辩人 般只作答复问语，“言简意赅，既不发挥，也不反问”。倘若答非所问，或借故诡避，就算失败。这种方法既能开阔思路，提高逻辑思辨能力，也能加深对经典的理解和巩固，有利于培养学僧的记忆力，富有启发性。

另一种辩论方式名叫“措朗”(起座对辩)，即两人之间的对辩。辩论双方相对而立，先由甲方问难乙方，这时乙方只需回答，不许反驳。然后，再由乙方问难甲方，甲方只需答，不许反问。学僧每晋升一级必须通过辩论考试，否则难以过关升级。这就要求僧人熟诵所修的经典，理解经义，达到融会贯通，以求答辩时收到左右逢源、对答如流的效果。

藏传佛教学僧的升级考试，因教派不同而有所差异。格鲁派有比较严格的规定，一位学僧从低级到高级是由扎仓堪布通过雄勒巴和维监(铁棒喇嘛)所汇报的辩经中的表现来决定的。学僧每年要到堪布那里去背诵经书，最少 50 叶。堪布觉得不错会同意给他举行一次措朗(法会辩经)的机会。被批准举行措朗的学僧，在康村接受众僧的考问，还可以参加其他扎仓的辩经，从优秀者中推选出参加格西学位的候选人。格西(善知识)是格鲁派最高学位，早期只限于三大寺僧人中选择，后来推广到全藏区(一般限于格鲁派寺院)。共分 4 级，顺次为拉让巴、措让巴、林色和多让巴，前两种学位是三大寺的高级格西，每年有规定的名额。林色和多让巴两级学位的名额由三大寺各自规定，分配给各扎仓自行选考。

拉让巴格西学位是在拉萨祈愿大法会上通过立宗答辩考取。十三世达赖喇嘛时规定，头等格西拉让巴由三大寺提前推荐，在终考的前一年夏季，首先由有关方面组织进行严格的预考，邀请三大寺堪布和知识渊博的高僧担任评委，初评出 16 名参加第二年考试，确定名次。具体程序为，约在藏历八月间由堪布决定应试人选，出题考试。应试人须经过 5 位高僧关于五部大论的提问。第二天，堪布按照每个

① 柳升祺著“拉萨三大寺的学经”，《中国藏学》，2005 年，第 4 页。

人的成绩确定录取的级别，凡被录取为林色和多让巴格西的，“便从此确定了”。被录取为拉让巴和措让巴者，还需经过两次复式。第一次复式在藏历十月间举行，凡初试录取的拉让巴和措让巴都要去罗布林卡参加辩论考试，由三大寺堪布和达赖喇嘛侍读官监考。第二次复式在藏历新年的大祈愿法会和错却（传小召法会）法会中进行（即拉让巴排在大祈愿法会期间进行，措让巴考试在传小召法会上进行）。凡参加拉让巴学位考试者“要经过几十，甚至几百僧人的击掌问难。在众目睽睽之下，相互问答，场面森严，气氛紧张……对答如流，方可通过难关，获得学位”。[①] 四级格西中，唯有拉让巴格西有正式名次，其余三级不列名次。这种考试制度避免了徇私舞弊及违法乱纪行为的出现，能够比较真实地反映学僧的水平。但是近代以来，考试方面作弊、违规的现象比较突出，十三世达赖喇嘛曾对此作了严厉的批评，并颁布整顿措施。

第三，学位健全。格鲁派兴起之前，其他宗派都有各自的学位制度。宁玛派经学院有噶希、噶举、饶绛巴等学位。但并非每个寺院都实行，亦无专门的组织来管理，随意性很大。萨迦派显学方面的学位有几种，如果修完必修的十三部大论中的四部并通过辩论考试者即可获得“噶希巴”称号。在此基础上进修逻辑学，熟通《量决定论》，通过辩论者获得“噶举巴”学位。最高级学位是“饶绛巴”（博学者），凡得此学位者必须熟通十三部大论，且要有学术论著。噶举派和觉囊派没有明确规定学位等级和授予条件，也不乏获得“噶举”“饶绛巴”及“班钦”（班智达）学位者。

格鲁派的学位制度最为严格，属于三大寺系统的学位有拉让巴、措让巴、林色和多让巴 4 个等级。色拉寺内部有“日穷”和“日钦”两个学位。扎什伦布寺一级学位“噶钦巴”相当于拉让巴学位，二级“噶居巴”相当于措让巴和林色两级学位。青海塔尔寺显宗学院学位分 3 个

---

① 丁汉儒等著《藏传佛教源流及社会影响》，北京：民族出版社，1991 年，第 138 页。

等级，一等为“噶仁巴”，二等“噶居巴”，三等“噶阿巴”。甘肃拉卜楞寺显宗学院学位也有3级，顺次为“多让巴”“噶居巴”“饶绛巴”。其中“多让巴”每年有两个名额。各派密宗学院或密修院（续部院）的学位名称不统一，大体有“金刚上师”（萨迦派）、“规范师”、“自善喇嘛”（宁玛、噶举派）、“善教喇嘛”（宁玛、噶举派）、“阿让巴”（格鲁派）等。

三、寺院教育的社会功能

如上所述，寺院教育曾是藏族教育的主要形式，历史上它所发挥的特殊功能和对发展藏民族传统文化所起的建设性作用是其他任何宗教教育无法比拟的。寺院教育分官办和私办两种，如吐蕃王朝时期建造的桑耶寺，萨迦地方政权时期的萨迦寺、白居寺、昂仁寺，帕竹政权时期的泽当寺等都是官私合办的大型寺院，其教育面向社会，接纳来自不同地区不同教派的僧人学习、辩经。泽当寺既是帕竹朗氏家族的家庙，同时也是一座为帕竹地方政权培养人才的教育机关，规定凡是该地方政权首领任职前必须接受泽当寺的佛法教育。格鲁派取得西藏地方统治权以后，其所属的部分寺院只属于噶厦政府管辖，像拉萨的甘丹、哲蚌、色拉三大寺、上下密院及布达拉宫的南杰扎仓等都属于此类寺院。在四川藏区，不少寺院属于土司的家庙。每个宗派的寺院既相对独立，彼此间又有联系，并没有因门派而影响相互间的学术交流。各派学者经常往来各寺参加辩经，讲授经典，研讨佛法，交流教学经验。

官办寺院教育比私办寺院教育有许多优势，它们具有相对独立的寺院经济。如甘丹、哲蚌、色拉、扎什伦布、楚布、敏珠尔林、萨迦、拉卜楞、塔尔寺、松赞林及四川藏区的一些大寺庙都拥有众多庄园和牧场。这些寺院的教育体制完善，学僧来源多，具有一整套严格的制度，包括管理制度、组织制度、教学制度、考试制度、学位晋升制度等，成为最高学府。

寺院教育内容不仅限于宗教神学，而且涉及语言文字、文化哲学、医药医术、天文历算、政治法律、文学艺术、伦理道德、建筑技术、雕塑绘画、翻译方法等社会科学和自然科学知识。就其作用而言，第一普及规范了藏族文字，丰富发展了藏族文化，创造出了数以万计的文化典籍。藏族地区大大小小的寺院都是不同类型的图书馆，收藏有无数的文化典籍。萨迦寺被誉为“第二敦煌”，其内保存着具有珍贵历史价值的封诰、印章、佛像、法器、瓷器、刺绣、服饰等，以及难以数计的佛教经典和天文、地理、历算、医药、语言、文学、历史等方面的典籍，仅萨迦南寺拉康曲美大经堂的整面西墙的经典达28000余册，大经堂对面二楼中间的书房藏书2000多卷，还有2000余块印版。用金粉和朱砂抄写的《甘珠尔》《丹珠尔》、贝叶经被视为稀世之宝。甘肃拉卜楞寺藏书有22余万部。这些典籍都出自僧人之手，作为珍贵的文化遗产，不仅反映了寺院教育的成绩，“而且对研究藏族历史各学科成就，进一步发展藏族文化教育科学事业具有不可估量的科学和社会价值”。

第二，寺院教育培养了大批各类人才，他们为传承与发展藏族文化、维护祖国统一和民族团结，开展与其他各民族的交往做出了重大贡献。从吐蕃时期开始，佛教僧人在唐蕃友好交往中发挥着作用。元、明、清时期，萨迦派、噶举派、格鲁派高僧，如萨迦班智达贡噶坚参、八思巴、大宝法王、大乘法王、大慈法王、四世班禅、五世达赖、六世班禅、九世班禅等，他们在某种程度上代表广大藏族为促进各民族间经济、政治、文化交流，维护祖国统一做出了不可磨灭的贡献，在我国统一的多民族大家庭的形成、巩固和发展过程中发挥了重要作用。

我们知道，寺院教育不仅培养宗教人才，在历史、地理、建筑、雕塑、绘画、音乐、舞蹈、语言、文学、印刷、手工技术等方面都培养出了大批人才。除了宗教文献外，他们还创造出了《柱间史》《拔协》《红史》《新红史》《青史》《西藏王统记》《西藏王臣记》《贤者喜宴》《汉藏史集》《白史》等历史著作；《米拉日巴道歌》《萨迦格言》《格丹格言》《水树格言》《仓央嘉措情歌道集》等道歌集；《三十颂及音势论注》《三十颂及音势论详解闲着缀饰宝珠》等语言学论著；《白琉璃》《历算入门宝瓶》《历算法贤哲说》《历算摄义论》等天文历算方面的论著，以及法律、政治、戏剧等方面的大量著述。这些数不清的，“有众多学者经过艰苦的翻译和写作而留下来的书稿手迹，……文字音韵学、因明学、医算理论、文学理论、宗教史、传记、故事、格言等等，无论是集体的或非集体的，其成书或印刷版绝大多数都保存在寺庙里”。[①] 僧人以寺院为依托，不仅向社会传播藏语文学、医学、天文历法等文化科技知识，而且组织充满宗教内涵的绘画、雕塑展览，以及藏戏演出，以熏陶娱乐群众。被尊为藏戏创始人的汤东杰布是噶举派的一位高僧，他一生在藏区的大江大河上兴建铁索桥 58 座，木桥 60 座，制造了不少船舟，对群众的生产、生活、农牧产品交换带来方便，对社会的发展进步具有重要意义。

寺院教育的培养目标是造就宗教职业者，教学内容是佛法、宗教伦理等，医学、天文历算、建筑、工艺等科技教育未能形成独立的教育成分，而是作为佛法的辅助工具或服务于实用的东西附带传授。这种教育具有宗教性、封闭性、落后性、教条性，维护旧价值，看重对社会的保存职能，不仅使人格中的意志力、创造力和自主力受到严重压抑，人性受到戕害，失去创造精神，而且使广大劳动人民失去受教育的机会。但是，寺院教育并不是因为宗教教育而一无是处，它毕竟是旧时藏区唯一的教育形式和研究机构，在传播宗教教义的同时，也传播其他推动藏族社会的知识，担负起了扫除文盲的重担，促进了藏族社会的文明进程，使藏民族创造出了世界上独具特色的优秀文化，“在藏族社会的过去和现在都发挥了和正在发挥着作用”，因此，不能彻底否定它的存在价值与历史地位。

四、宗教教育与学校教育的关系

宗教教育是以佛法教育为主，佛教的传入给藏族带来了一种新型精神生活的“种子”，促使藏族社会步入了一个新的历史时期。传统的寺院教育与现代教育有很大差异，第一，传统寺院教育是一种封闭的

---

① 群培多吉著，田家乐译“西藏的学校教育概述”，《西藏研究》藏文版，1985 年第 4 期。

教育体系，几乎没有选择性，徘徊在一种固定模式中。藏传佛教各宗派都有严禁外传的绝密法，如宁玛派的大圆满法，噶举派的大手印法，萨迦派的道果法，觉囊派的六支瑜伽法，格鲁派的集密、大威德法等。他们所使用的教材都是由本派开派祖师和高僧所定，不能随意更改和选择。格鲁派寺院教育尤为如此，宗喀巴以“缘起性空”的抽象思辨哲学为理论基础创立教派，寺院辩经是对这种思辨学说的重复解释。受这一体系内的价值指导，学僧们失去了自我评价、自我选择及自我创新的能力和精神，缺乏竞争意识，思想僵化，排斥异见，固守传统。

第二，寺院教育重视人文教育，轻视科技教育。佛法和宗教伦理是寺院教育的主要内容，虽然科技教育也受到一定程度的重视，但没有形成独立的教育成分，而是作为佛法教育的辅助工具。因此，影响到生产力水平的提高，导致社会经济落后。

第三，传统寺院教育是一种教条的教育。以因明辩论为例，参辩双方必须严格按照因明学规定的形式，引经据典，不辨经典所说是非对错，绝对照办。这样，学僧人格中的意志力、创造力和自主力受到严重压抑，失去创新精神。

第四，寺院教育的复杂性与漫长性，扼杀了人性。一个僧人从入寺受戒到学完所规定的科目需要人生的多半时间，最后能否功成名就难以预料。绝大多数贫困僧人到了生命终结也混不出个名堂，而对极少数人来说可以通过捷径很快获得功名。寺院等级森严，贫富差别悬殊，一位成绩优秀的普通僧人如果没有政治地位、经济基础和宗教地位难得功名。尤其进入近代以来，寺院教育存在受贿舞弊现象，剥夺了一批品学兼优的贫困僧人成功的机会。这种教育的极度复杂和漫长使许多人失去毅力，没有奋发向上的精神，导致惰性思想加重。

藏区的学校教育始于近代，1906 年至 1910 年间，驻藏大臣张荫棠、联豫、温宗尧等人在藏开办学堂。之后，出现了由外国人创办的江孜军官学校、江孜英语学校、拉萨英语学校。1937 年，民国政府在拉萨开办拉萨小学，开设藏语文、汉语文、算术、历史、地理、音乐、图画、习字、体育等课程。这一期间，在康区出现康定速成师范学校、西康师范讲习所等200多所学校；在青海和甘肃等安多藏区也开设了不少小学、中学及师范学校、职业学校等。据不完全统计，1905年至1950年之间，在藏区先后开办的各类学校有900多所，但这些学校推行强迫教育，脱离藏区实际，存在不少问题。严格地说，这些学校与现在的学校教育在办学目的、教育体制、教学方法等方面有区别。

寺院教育的宗教性、封闭性、落后性、漫长性及教条性，以及特殊的价值观念，免不了与现代学校教育发生矛盾和冲突。在教育目的与价值观方面，寺院教育是以佛法或神学教育为核心，以信仰为心理基础，宣扬“诸法性空”“人生是苦”“因果报应”的说教，培养为封建农奴制社会与宗教服务的僧侣人才。现代学校教育本着有利于人民，服务于社会，推动生产力发展的目的，重视传授科学文化知识，并因地因时制宜，是应变的教育。

寺院教育极力维护旧价值，看重对社会的保存职能，追求“涅槃成佛”的最高理想。学校教育则看中对社会的改造职能，不断寻求和创造新价值。建立在宗教信仰基础上的寺院教育带有强烈的排他性，一旦受到侵害就会产生激烈的抵触情绪。例如，近代学校教育的开办便遭到了僧人的强烈反对，而学校教育是开放性教育，不断吸收其他好的办学经验。

在课程设置与教学内容方面，寺院教育的课程设置分显学与密法两部分，显学课程由因明、般若、中观、对法、戒律五部分组成，内容几乎是佛法，涉及佛性、诸法性空、如何修行成佛等重大问题。密法课程，内容涉及各种仪轨、修行方法、念诵咒语等。凡是上师规定的内容不能更改，教材是固定的，学僧只有照读，不能发表异议，科技在寺院教育中很难作为独立的教育成分。学校教育则不同，它坚持实事求是，因地制宜，根据各个地区社会经济、文化基础和发展的需要来规定教学大纲，使用过程中根据不同情况可以作适当调整，不断完善。

但是，寺院教育并不是绝对不能改革和调整的，随着社会和历史的发展，以宗教教育为核心的传统教育亦不断进行改革，可以与现代学校教育协调发展。寺院教育经过长达数百年的发展，建立起了比较完善的教育体系，它曾对扫除文盲、普及和传递文化起到了重要作用。作为社会的实体，寺院教育为现代的藏族教育积累了丰富的经验。正确继承和发扬寺院教育中的有益成分和好的教学方法，将科学知识纳入寺院教育之中，作为独立的教育成分加以重视。扬长避短，去陈创新，培养僧人正确的民族观、祖国观、世界观、人生观、价值观，使他们成为有利于社会，有益于人民，为社会主义经济建设服务的新型人才。现代学校教育应正确对待传统教育，处理好与寺院教育的关系，加强交流，沟通意见，在尊重他们选择的基础上需要不断地帮助，解决出现的新情况、新问题，促进协调发展。学校教育可以选择吸收传统教育的一些内容，如藏医、藏历、绘画、工艺制作、逻辑辩论等。

第六章　宗教文化与经济发展

宗教是建立在一定的社会经济基础之上的，经济直接决定、制约宗教的形成与发展。宗教对于一个民族的影响是多方面的、全方位的，可以起到积极的促进作用，同时又影响或阻碍经济发展。社会稳定和经济发展是宗教发展的根本保证，这在吐蕃时期表现得比较突出，赤松德赞执政时期吐蕃社会相对稳定，经济好转，佛教战胜苯教取得了绝对的统治地位。而赤祖德赞（赤热巴巾）时，各种矛盾加剧，常年的战争和实行的“七户养僧制”增加了百姓的负担，国库空虚，结果导致韦达那坚等人发动政变，废除了养僧政策和兴佛措施，佛教因此失去经济保证而走向衰落。

藏族聚居地区的经济是典型的以牧兼农的高原自然经济类型，自然环境的封闭，“阻止了走出去的脚步，也阻止了藏族人开放进取的心智”，形成了趋稳定状态，加剧了文化上的自我中心主义或保守封闭。[①]尕藏才旦等人编写的《当代藏区经济发展简明史稿》一书中这样总结说：“独特的僧侣集团、寺庙经济，永恒的供养布施，超经济的剥削，远离生产的僧人社会，‘豁卡’——神部的形成，政教合一的统治制度，部落联盟的民主议事制，土司头人林立的专制割据，被窒息的生产热情；……泛泛的神灵崇拜，缥缈虚幻的‘来世’因果报应，唯美唯道德的社会风尚，部落地域观念浓郁，舆论的误导，科技意识薄弱”。（甘肃民族出版社1998年版，第29页）宗教价值观对社会机制的深层垄断，形成了禁止一切创新的“异端”，因循守旧，安于现状，严重地影响了社会经济的发展。

① 尼玛扎西著“当前西藏市场经济建设中急需的文化转型”，《西藏大学学报》，1999年第1期。

一、藏族宗教文化的基本经济主张

释迦牟尼在成道之前对“苦”的感悟颇深，他的宗教道德学说或思想主要表现在成道时所悟得的“四谛”和“十二因缘”说中。“四谛”是讲苦的种类，苦产生的原因和消灭苦的方法、途径等。“苦”是人生的本质，苦谛是说现实生活的种种痛苦现象。佛陀为弟子说教时这样讲苦：“比丘们，这就是痛苦的神圣真理：出生是痛苦，老年是痛苦，疾病是痛苦，死亡是痛苦，求不到所欲望的东西是痛苦。总之是一切身心之苦”。(《相应部经典》)正因为人有如此众多的痛苦，所以佛陀才倡导出世。无明和贪婪是产生苦的根源，消除苦的方法是修“八正道”，抛弃无常、空寂的今生而获得涅槃。佛教的这一套庞大理论体系是在“苦空观”的人生价值判断之上建立起来的，这也决定了它的经济观。

一般价值观和民族性格是经济观的基础，价值观念的形成来自于传统文化，有什么样的价值观就有什么样的经济观。藏民族的价值观包括生命价值观、道德价值观、生态价值观、文化价值观、婚姻家庭价值观、宗教价值观等。由于藏民族几乎全民信教，所以其传统文化是以宗教价值为导向，它以神佛为本，强化人对自然的消极适应，淡化处理人际冲突，“通过系统的‘轮回观念’强调现世境遇的因果必然性，取消了现实生活通过奋斗努力可以具有的无限丰富和可能性”。(尼玛扎西《当前西藏市场经济建设中急需的文化转性》)藏族的宗教价值观影响了其他价值观的形成和转变，它极力从价值意义上否定世俗生产的创造，认为世俗生产的创造不是为了今生，而是为来世服务的，磨灭了人们的经济进取精神和生产积极性，开放意识趋弱，创新观念不强。

众所周知，藏民族世代生活在封闭的自然环境中，困住了开放进取的心智，加上深受宗教思想尤其是佛教的影响，形成了一种超稳定的状态，加剧了文化上的自我中心主义式的保守和封闭，禁止一切创新，因循守旧，安于现状，淡泊经济，轻视物质利益。藏传佛教要求人们虔诚于佛菩萨，皈依于佛、法、僧三宝，深信因果报应，一生行善，这样死后就有善报，有好的归宿。涅槃是追求的最高境界，也是每个人的最终理想。为了实现这一理想，每年有不少信徒不远千里磕着长头去朝拜拉萨的释迦牟尼佛像，不惜花费大量的财力、物力、人力和时间，把全年辛苦得来的收入布施给寺庙。在不少人看来，辛苦赚钱就是为了供佛。他们的行动和精神是佛教理想信念支配的，无论做事还是思考问题把是否有利于来世，是否有利于成佛作为准则，淡视现实社会的物质利益和生产生活。

佛教倡导"心性本净"，藏传佛教发挥了这种人性清净的"佛性"思想，要求信徒少欲行善，放弃对现实物质利益的过分追求而追求心灵的纯洁，达到一种佛我合一的道德境界。这样一来，使信徒有了精神的依托，心境处在一个平静、淡泊、坦然、充实的状态中，从而消除了急功近利的思想。但是，佛教的平等思想在藏区的传播发展过程中变形，有意无意地形成了等级层次，如密教修行中划分根器和下士、中士、上士等三士道，区别对待信徒，上层集宗教思想和政治特权于一身，而那些从事农牧业生产和手工业者则受到歧视，看成是没有出息的人，失去了人们之间的平等竞争，从而影响了社会生产和经济发展。

道德观念不仅影响人们的经济行为，也影响经济观念。约翰·斯通在他的《社会中的宗教》一书中说："诚实、公正、守信用这些个人的和商业的美德而论，它们在经济生活中是至关重要的，而在宗教能成功地把这些美德灌输给自己的信徒的范围内，宗教便对经济产生影响"。[①] 藏传佛教主张行善、悲悯、知足、正义、宽容、诚实、和谐、利他、责任等，同时这些也是藏族人的基本道德准则，对于维护社会秩序，保持人际关系的和谐具有较大的感召力。但是，这种思想使大多数社会成员期待和憧憬来世，生活上抱着等待和观望的态度，节衣缩食，宗教活动方面的支出占家庭支出的相当大的比重，从而缺少了对生产的投入，影响了整个社会经济的向前发展。

---

① 约翰·斯通著《社会中的宗教》，成都：四川人民出版社，1991 年，第 199 页。

二、寺庙经济的来源及其特点

宗教是一种复杂的社会文化现象，其存在并不是孤立的，它同社会其他各种因素存在着错综复杂的关系。历史上，宗教与经济存在着一种互动关系，宗教发展的快慢好坏在很大程度上取决于社会经济发展水平。"原始人社会经济生活和物质生产的方式制约并决定着宗教观念的内容和宗教崇拜对象的性质。……从根本上说，各种宗教的内容，都深受现实物质生活条件的制约"。[①] 在西藏，吐蕃王朝之前的雅隆悉补野部落联盟时期，苯教十分盛行，虽然我们未找到有关苯教寺庙经济方面的文献记载，但从苯教发展的历史可以发现，自聂赤赞普到第八代止贡赞普和第九代布岱贡杰时期雅隆悉补野部落联盟的社会经济发展水平相对较高，给新兴的苯教提供了足够的物质供应，苯教的内容也不断得到丰富。

藏传佛教寺院和汉传佛教寺院在经营管理方面有很大不同，吐蕃时期寺庙由政府投资修建，并在僧侣中委派僧官进行管理，经营权仍属政府。后弘期以后寺院由世俗贵族或个人出资建造，经营权归各派所有，也有相当一部分属于私人寺院，政府不派人去管理。西藏封建农奴制社会时期，僧侣的地位高于世俗官员，世俗政府几乎没有资格去管理寺院、僧尼之事，寺院、僧尼之间的矛盾纠纷，甚至世俗的一些纠纷由寺院派高僧去处理，因此而构成了藏传佛教寺院经济来源的特殊性。藏传佛教倡导出世哲学，提倡僧人禁欲苦行，然而它的生存和发展仍然需要经济基础。如修建寺庙、雕凿佛像、购置法器、刻印经典、习法传教、举办法会等，维持寺庙正常运转需要经济来源的支撑，否则就难以生存下去。

寺院经济是藏传佛教的一大特色，它主要限于寺院的集体财产。《明代南京寺院研究》一书指出："寺院经济，从经营的角度来说，包括

---

① 孙雄著《圣俗之间——宗教与社会发展互动关系研究》，哈尔滨：黑龙江人民出版社，2006 年，第 94～96 页。

寺院农业、寺院商业等部门;从静态组成来说,可分为僧人的私人财产和寺院集体财产两部分。从总量上来说,由于僧人依赖寺院而生活,其私人财产一般都很少,在整个寺院经济中所占比例小”。[①] 藏传佛教僧人一般不从事生产劳动和经济活动,其寺院经济从经营的角度说,除了农业和商业外,牧业也占相当大的一部分。总量上寺院高僧的私人财产在整个寺院经济中所占比例较大。如功德林活佛的拉章占有庄园 50 个,耕地 1500 克,牧场 3 个,牲畜 8000 头(只),高利贷款 13.6000元,贷粮 37.5000 千斤,商业资本 13 万元,拥有农牧奴数千人。甘丹寺高僧赤江·洛桑益西拥有庄园 7 个,农奴 1000 多人,每年高利贷纯利粮可收大洋 37 万多元,利粮 50 多万斤。过去,藏区寺院有大小活佛几千个,大活佛基本上都拥有农田、牧场和商队,每年的经济收入非常可观。

如果从藏传佛教发展的历史进行分析,前弘期寺院经济和后弘期寺院经济有所不同。严格地讲,前弘期寺院尚未形成其经济,而后弘期寺院经济属于典型的领主经济,这在西藏寺院表现得尤为明显。前弘期或吐蕃时期的佛教寺院由两部分组成,一部分是由政府投资修建并委派僧官管理的政府或国家寺院,另一部分是属于贵族私人建造的个人寺院。前者如桑耶寺、大小昭寺和昌珠寺等,后者如谐拉康(娘·定埃增桑波所建)、江浦寺(由尚蔡邦多热为江浦地方的四比丘所建)等。尽管它们的性质不同,但经济方面都受到政府的支持,尤其像桑耶寺完全由政府出资修建,居寺僧人的生活由国库供给。桑耶寺建成后,赤松德赞赞普提出从大臣、王妃、庶民中选拔信仰佛教者剃度为僧,大臣们担心“如若为僧,一则生活无着,二则无能力缴纳王捐和支付军差”。赞普宣布:“凡为僧者,免去差税,其生活费用可从国库领取”。[②] 僧人除了从国库领取薪饷外,尚无任何固定的生活资料和其他生活来源。益

---

① 何孝荣著《明代南京寺院研究》,北京:中国社会科学出版社,2000 年,第 258 页。

② 巴卧祖拉陈瓦著《贤者喜宴》,引自东嘎洛桑赤列著、唐景福译《论西藏政教合一制度》,兰州:甘肃民族出版社,1984 年,第 17 页。

西旺波(拔·赛囊的法名)出任桑耶寺堪布后建议赞普,希望赐给寺院土地,解决僧人的长期生活问题。他说:"为了确保今后不至于出现王室不睦,或者出现瘟疫,或者发生外敌入侵,或者发生大的饥馑等时,不能保证这样数量的供应,……为了长远之计,寺院经常供祭可赐百姓二百户,每个僧人可赐给三户(三百户?)百姓供养"。[①] 并要求将管理寺属百姓的权力交给僧人。赤松德赞最后赐给桑耶寺百姓150户,赐给每个僧人百姓三户作为供养,实行"三户养僧"制,凡是僧人的供养户同僧人一样,免去差税和兵役。另外,根据僧人的职位、身份提供不等的生活费用。如每年供应堪布青稞75克(每克约等于20市斤),年供应酥油1100两,衣服1套,乘马1匹,纸张40卷,墨3锭和足够的食盐;为桑耶、青浦一带修行的25位瑜伽行者每年供给每人青稞55克,酥油800两,马1匹,衣服1套(6件套);供给13位经师与瑜伽行者相同的生活费用;供给25位学经僧每年每人青稞25克,衣服1套(3件套);供给一般学僧每年每人青稞8克,纸张2卷,墨1锭。[②] 从史料记载可知,这种规定和供应在赤松德赞去世后的一段时间内被迫中止,直到赤德松赞执政在落实父王既定政策的同时,给部分贵族高僧的寺院划拨土地,并赐予永久拥有权。其子赤祖德赞(赤热巴巾)对佛教的虔诚超过其前的任何一位赞普,他制定了对佛政策,对僧人们的供养重新作了规定,将祖父赤松德赞的"三户养僧制"发展成为"七户养僧制",给予寺院和僧人更加优惠的政策。

对于贵族高僧所建的寺院,赤德松赞和赤祖德赞父子以回报答谢和奖赏的名义划拨土地。娘·定埃增桑波是吐蕃两大参政的钵阐布之一,他历经赤松德赞、赤德松赞和赤祖德赞祖孙三代王为官,带头反对过益西旺波关于划拨寺院土地名户的建议。牟尼赞普去世后,他面对极其复杂的政治斗争"倡有利之建言",扶持赤德松赞登上王位,为

---

① 东嘎洛桑赤列著,唐景福译《论西藏政教合一制度》,兰州:甘肃民族出版社,1984年,第19页。

② 娘·尼玛维色著《娘氏宗教源流》,拉萨:西藏人民出版社1988年。

平息混乱，保持社会稳定做出突出贡献。812年，赤德松赞颁诏，赏赐定埃增桑波的谐拉康寺以土地、奴户、牲畜等。《谢拉康乙碑》记："班第定埃增忠贞不二，竭尽效力之故，特加恩泽…凡献于寺庙的奴户、地土、牲畜，其他臣民上下人等该无权干预……如盟书所载，永远恪守祇遵"。[①] 东嘎·洛桑赤列称此为佛教僧人私寺拥有庄园之始。赤祖德赞时期，优惠的佛教政策促使贵族纷纷建寺，蔡邦·达桑尼多建造了堆龙拉玛寺（即江浦寺），其兄尚拉脱赤修建扎绒木俄玛宗寺，其弟尚嘉擦赉贡建俄赛记布寺。[②] 赤祖德赞对于奉佛建寺的做法赐以土地、奴户。如《楚浦江浦建寺碑》记载："（尚蔡邦·达桑尼多）为仰报赞普的恩眷，回向赞普陛下之功德，广为祝寿延福，乃于堆陇之江浦，建神殿，立三宝之所依处，敬事四部比丘等众。作为供养顺缘之奴隶、农田、牧场及供物、财产、牲畜等项，一应备齐，悉充赞普可黎可足猎赞之常川不断之供养功德。此神殿之名，亦由赞普颁诏敕赐，书于温江岛神圣大殿之后，颁诏概由王廷管理。作为寺产的民户及产业之上，不征赋税、不征徭役、不去租庸、罚金等项。颁诏敕授寺产寺属民户之文书。……今后，倘尼多子嗣断绝，一切所辖之地土、所领之属民，赞普不再收回，并不转赐他人，均增赐为此神殿之供养顺缘"。[③] 尽管像谐拉康和江浦这样的寺院是由贵族僧修建，它的经济主要来自政府划拨的土地。因此，可以说吐蕃时期的寺院和僧人基本上属于官寺官僧，寺僧的一切活动经费，包括生活费用皆由政府供给，没有固定的寺产，就是谐拉康和江浦寺的田地、牧场、牲畜等名义上是赐给寺院的，作为神殿的供养顺缘，实际是赏赐给贵族或官宦个人的。达磨赞普继位后，废除了祖上制定的佛教政策，停止了政府对寺院和僧人的一切生活供应。

吐蕃王朝分裂以后的分散割据时期，随着封建农奴制社会制度的

① 王尧编注《吐蕃金石录》，北京：文物出版社，1982年，第116页。

② 扎巴曼兰罗哲著《乃巴教法史——古谭花蔓》载《西藏史籍五部》，拉萨：西藏人民出版社。

③ 王尧编注《吐蕃金石录》，北京：文物出版社，1982年，第180页。

逐渐形成，“庄园”形式的农奴主与农奴的生产关系已经形成，农民占有土地的现象比较普遍，经济的明显好转，促使建寺进入高潮，削发为僧者急剧增加。社会经济的迅速发展为寺院经济的展开奠定了坚实的基础，不少寺院先后接受地方政府和达官贵族的布施，得到大片土地、牧场和数量巨大的牲畜等，并享有免交差役和赋税的优厚待遇，多渠道的财产来源，使寺院财富雄厚，成为庞大的经济实体。各宗派以某些大的寺院为据点，形成各自的势力范围，并在经济力量允许的情况下，想尽办法在不同的地方寻找支持者资助修建寺庙，派遣僧人去管理。作为各个地方政府从未对佛教寺院采取控制或限制发展的措施，而是利用一切手段尽量予以扶持。这样一来，寺院之间形成了隶属关系，即母寺与子寺的关系，子寺分布的地域范围较广，并不限于母寺所在地区。子寺的财产原则上属于母寺，子寺仅仅享有经营和管理土地、牧场等寺院财产的权力，很少有财产所有权。如拉萨三大寺的子寺除了西藏有外，还分布在四川、青海、甘肃、云南、内外蒙古等地区。有些寺院的属寺（子寺）还分布在与我国毗邻的尼泊尔、不丹等国。由于寺院内部、寺院之间的关系错综复杂，造成了后弘期寺院的经营方式从以前的单一逐渐向多元化方向发展，寺院除了官寺，尚有私寺和民寺，僧人因此也分成官僧、私僧和民僧三类，导致每个寺院的经济实力不平衡，官寺和私寺的经济相对雄厚，而民寺经济则处于最弱。寺院经济成分的构成上也存在明显的差异，一般官寺和属于高僧的私寺不仅拥有大片的土地、牧场，而且有不少农奴、牲畜等，经营农业和畜牧业，兼做商业和手工业等经济活动；民寺的规模相对较小，其运转和僧尼生活只能依靠僧人家庭供给和极少部分信徒布施来支撑。

藏传佛教的寺院经济及其来源呈现时代特征和多元化特点，寺院经济与寺院的建造和管理形式有很大关系。一般藏区寺院修建与经营管理方式有三种，一种是由地方世俗势力修建后赠送或施舍给高僧管理，如达波噶举派主寺达波寺（达拉冈波寺）和噶当派主寺热振寺都属于这种情况；第二种是由寺主或高僧自己出资购买土地修建的，如昆·贡却杰波发现仲曲河北面峰峦起伏，山岗连绵，本波山形似一头巨型卧象，山坡右侧土地呈白色，齐集瑞祥之相，萌生了在这里建造寺院的想法。于是征得土地主人象雄古热哇的同意，以一匹白骡马、一套女装、珠宝一串、盔甲一副等购得门卓以下，帕卓以上两峡谷之间的土地，于1073年建成萨迦北寺。1171年，帕竹噶举派支系濯浦噶举创始人嘉擦用做生意赚来的钱从尚尊温穷买到濯浦地方的地基一块，盖起佛堂和僧舍。第三种是名僧受地方势力的支持建造经营的寺院。如格鲁派甘丹寺的修建费用是帕竹第悉阐化王扎巴坚参、仁青伦布、嘉沃和加麻万户长达瓦等人提供的，并得到了他们奉献的土地庄园。哲蚌寺和色拉寺的建造分别得到了内邬宗本南喀桑波和其子南喀班觉的资助；扎什伦布寺是日喀则宗本琼结巴·班觉桑波的资助下建立起来的；甘肃的拉卜楞寺和青海的塔尔寺的修建分别得到了察汗丹津和申中昂索的资助。

寺院经济的来源主要有以下几个方面：一是经营农牧业、商业和手工业等；二是征收差税和放高利贷；三是中央与地方政府的赏赐和拨与；四是收受布施和宗教活动所得。

（一）土地、牧场经济

土地和牧场的来源，有中央政府赏赐、加赐的，地方政府分封的和由贵族布施的三类。据藏文史籍记载，吐蕃王朝灭亡以后第一个获得地方政府赏赐土地庄田的人是被称为“洛钦”的著名佛经翻译家仁青桑波，宋咸平元年（998年）古格王拉尊将普兰协尔地方的一片土地作为封地（寺院供养田）赐予他。分散割据时期是西藏从奴隶制社会向封建农奴制社会过渡的特定历史时期，领主庄园制的土地经营形式基本形成，土地可以自由买卖，不少割据势力或世俗政治势力与宗教势力相结合，大肆建造寺庙。新兴的各宗教派别纷纷派人与蒙古汗王进行联系。正在扩张中的蒙古王室想利用佛教作为其统治的工具，对各教派封赐土地和属民，如旭烈兀赐给帕木竹巴的庄园属民2498户；蒙哥汗赐给止贡派领地属民3630户；忽必烈赐给蔡巴噶举派领地属民3700户；阿里不哥封给达隆噶举派领地属民500户；阔端王赐给萨迦派的除了阿里三围外，还有拉堆洛、拉堆绛、古尔莫、曲弥、香、夏鲁和羊卓等地方领地属民 1885 户。[①] 13 世纪中叶，随着元朝的建立结束了西藏分散割据的混乱局面，建立起了以萨迦派为中心的地方政府——萨迦地方政权，从此社会趋向稳定，经济明显好转，为寺院提供了更多的物质资料。

萨迦派利用元朝中央政府所赐予的权力，管理西藏的十三万户，以地方政府的名义将土地、牧场分封赏赐给部分高僧和寺院。寺院、僧尼通过各种手段占有大量田产、牧地，尤其是高僧拥有数量可观的私有财产和田地牧场，委托自己的亲属去管理。经过帕竹地方政权，到了甘丹颇章政权（即以格鲁派为首建立的西藏地方政权）时期，中央政府给予高僧的特权越来越多，地方政府给寺院和高僧封地的情况已十分普遍，以致寺僧所占土地、牧场、牲畜、奴隶在三大领主中最多，政府并无权对他们进行剥削或征收差务，收取赋税。每一个寺院和高僧具体占有多少田地、牧场、牲畜，拥有多少农奴，恐怕很难搞清楚，史书提供给我们的也只是部分规模较大寺院后来的有限的史实。

萨迦寺是萨迦派的主寺，属于昆氏家族的家庙，寺院堪布以族内父子、兄弟或叔侄方式相传。萨迦地方政权建立后，实行政教合一制度，萨迦寺成为地方政权机关所在地。因此，萨迦寺除了昆氏家族所拥有的土地牧场等之外，还有萨迦派管辖的大片土地，其在西藏、康区等地的属寺的土地上交规定数量的财物。有元一代，寺院和僧人的权力受到中央政府的保护，如忽必烈赐给八思巴的《珍珠诏书》规定："僧人每之殿堂、僧舍，金字使不可住宿，不得征派供应及乌拉，属于寺院的土地、水流、水磨等，任何人都不得抢夺、不得征用、不得倚势出售。僧人每亦不可因有了扎撒（诏书），作不遵释迦牟尼教法之事"。1304 年，元朝第六任帝师仁钦坚赞在给乌斯藏宣慰使司、文武官员、僧俗大众的法旨中说："经师昆顿、经师辇真班藏卜，所辖艾巴地方寺属庄园、

---

① 东嘎洛桑赤列著，唐景福译《论西藏政教合一制度》，兰州：甘肃民族出版社，1984 年，第 43 页。

僧徒、施主、弟子辈，诵经为皇帝祈祷，均应依照此先圣旨所谕，其辖下庄园及田、水、草三者，勿论何人，不得强取豪夺，不得破坏寺庙，牟取暴利，不得随意要求上级发给牌票，不得强行放债，不得挑起纠纷，不得强行饲养牛马，不得以农具、驮畜作抵押，不得滥用权力。因赐此法旨，敢有违者奏知治罪。”①从法律上保护寺院、高僧的土地。14 世纪，随着帕木竹巴地方政权的建立，废除了原来的万户制，创立了宗豁（宗，即相当于现在的县；豁，藏文音译，是庄园之意）制，使萨迦寺的庄田逐渐减少。直到清代，噶厦地方政权在日喀则设立基巧，收回了萨迦寺的部分土地和属民，萨迦寺所属的土地只剩下夏布吉丁孜东、班典孜、宇坚、却嘎尔、定日帝东、东嘎尔等 20 多个豁卡，而且承担噶厦政府的差役。

夏鲁寺是由结氏家族管理经营的一所寺院，曾以布顿大师而名声大噪。元朝时，夏鲁寺施主得封为万户，由于结氏家族与昆氏家族有姻亲关系，使该寺很快发展起来，拥有大片土地，并受到中央政府和地方政府的双重保护。1309 年，元朝宣政院文告称：夏鲁寺“忠顺天子、安分守法，皇帝圣谕：不得向其征兵差、食物、乌拉；不得强占其佛堂、僧舍临时居住；不得在起畜群中捉牲口，强迫借贷、出雇（脚力）；不得将农具、口袋、筐子作放债的抵押品拿走；彼原先所有的庄田、土地、水、草等，一律不准别人侵占、抽调”。进入明清两朝，夏鲁寺土地逐渐减少，失去了过去的辉煌，日趋没落。

噶举派的楚布寺（亦称粗浦寺）为噶玛噶举派主寺，明代噶玛巴活佛受到中央政府优崇和藏巴汗地方政权的特殊支持，使该寺拥有较强的经济实力，直到清代嘉庆年间驻藏大臣发布会牌保护寺属土地，会牌称：楚布寺呼图克图所管辖庄田“应当免差”，“别人不得争论，如有还手之人，许其禀究”。我们发现在格鲁派正式掌握西藏地方统治权之前，各宗派为了争取强大的经济支持，不遗余力地与寺院所在的地

---

① 《西藏地方是中国领土不可分割的一部分》史料选辑，西藏人民出版社，第 64～66 页

方势力或封建贵族结成施主关系，互相融合发展。如帕竹噶举与山南的朗氏家族结合，蔡巴噶举与拉萨的噶尔氏家族结合，达隆噶举与拉萨北面的噶斯家族结合，止贡噶举与居热氏家族结合。这种封建贵族或地方世俗势力与寺院的结合，起到了双赢的效果，寺院从封建贵族那里得到了施舍或赠送的土地、牧场、牲畜、奴户等，经济得到保障。西藏以外的其他藏区寺院的情况也大体如此，或与土司结合，或与部落头人结合，或受千户保护，从中得到土地、牧场。明朝永乐皇帝曾授封四川德格土司的弟弟白玛仲乃为国师，"大明四宝法王"玉印，赐给原德格土司辖区的一半土地、百姓及青海奈洛洞盐池一个。

西藏藏巴·噶玛丹迥旺波为王时期积极护持佛法，维护寺院，除格鲁派外对其他教派皆一视同仁，采取平等对待、积极扶持的宗教政策，经济上礼敬供养僧人，将数百个庄园赠给各派寺院。同时将各派的数百名僧人迎请到桑珠孜进行供养，并把每年的大部分收入用作各派的期供和茶供之资，先后维修了夏鲁、纳塘、塔尔巴林、桑顶等寺院。1638年，在桑珠孜扎什伦布寺旁兴建曲阔德庆寺，作为噶举派寺院，用来镇压扎什伦布寺。固始汗率领蒙古兵消灭白利土司和藏巴汗等格鲁派的敌对势力后，在经济上支持格鲁派，将前藏赋税拨充供奉，后藏划作班禅的香火地。五世达赖喇嘛凭借清朝中央政府的支持，在各地修建寺院，规定寺院僧侣人数，并由政府拨给一定数目的庄园和农奴，由寺院派人管理，征收租税，作为寺院的主要经济来源。同时，实行两种不同制度，即对多数有名寺院不但给予庄园和居民的自主权，而且给予法律上的独立权；对于一些没有庄园和属民的寺院，实行由地方政府供给粮食、茶叶和酥油的做法，这一部分寺院没有法律权。拥有庄园属民和在法律上有独立权的那些寺院，在经济上有雄厚的实力，在政治上有极大的权力，他们不负担地方政府的任何差役。格鲁派专权后，实行"广为施主"的办法，在遏制其他教派发展的同时，赋予本派寺院、僧尼许多政治、经济等方面的特权，寺院经济力量发展迅猛。作为地方政府的噶厦不但未对寺院采取控制或限制其发展的措施，而且进一步实行扶植政策，将大量的土地、牧场封给寺院，作为供养田，免去了寺院、僧尼的赋役负担。以后，地方政府和贵族又不断向寺院封赠和布施土地，寺庙的土地越来越多，成为旧西藏三大领主（寺院领主、政府领主和贵族领主）之一，占有西藏330万克实耕土地中的121万克，牧场近400多个，“不仅每个寺庙普遍拥有曲谿（寺庙所占有的庄园），同一寺庙的各个扎仓、康村或活佛、堪布、吉索等，常常也有自己的曲谿”。[①] 如哲蚌寺在东噶宗的31个庄园中，属全寺者7个，属4大扎仓者18个，属康村者1个，属活佛者2个，属堪布者1个，属吉索者2个。[②]《铁虎清册》规定：各寺庙所有庙产基金农田不得强占、摊派新差役，以免有损庙产基金，导致寺庙倒闭。

哲蚌寺吉索所属东噶宗桑通曲谿约有土地600克，每克地平均产量为8克计算，全年总收入4800克。每年秋收时，哲蚌寺吉索派专人来结算账目，上缴粮食约2000克，其余的存放在谿卡（庄园）内，除一部分供谿卡开支外，大部分供吉索放债时用。[③] 哲蚌寺共有庄园185处，有耕地5.1万克，牧场300处，牲畜3万多头（只），农奴2000多人。寺院通过收取劳役地租、实物地租、货币地租等方式，将粮食、酥油、牛羊等征缴到寺院。据《格鲁派教法史——黄琉璃》等史书记载，五世达赖喇嘛时期，哲蚌寺每年收入粮食37922克，在西藏所有的寺庙中占居首位。

甘丹寺的谿卡除极少部分是寺院上层凭借权势抢夺来的之外，大量的是地方政府和贵族奉送的。该寺管辖3个宗（相当于现在的县）、34个谿卡，其中拉基管辖14个，赤多康辖6个，绛孜扎仓辖8个，夏孜扎仓辖6个。[④]

色拉寺有属寺300多个，分布在西藏、青海、四川、云南等省区，寺属庄园81个，属民1.3万多人，牧场81处，牧奴1.2万多人，房产多

---

① 况浩林著“近代藏族地区的寺庙经济”，《中国社会科学》，1990年第3期。

② 西藏社会历史调查资料丛刊编辑组《藏族社会历史调查》（一）。

③ 《藏族社会历史调查》（一），拉萨：西藏人民出版社，1987年，第22页。

④ 肖洛德著“黄教首寺与寺院领主——甘丹寺调查”，《西藏民族学院学报》，1983年第2期。

处，每年收入粮食约7200克。

据不完全统计，格鲁派在拉萨的三大寺（哲蚌寺、色拉寺和甘丹寺）所属庄园300多个，土地1.44多万克，大牲畜161700多头，高利贷本粮5900多万斤，高利贷本银大洋580多万元，农牧奴7.5万多人，房屋49600多间，并占有大小林卡160多个。其中不包括属于三大寺高僧（或呼图克图）的“拉章”所拥有的土地、牧场等。如功德林占有庄园50个，耕地1500克，牧场3个，牲畜8000头（只），农牧奴几千人，高利贷款13.6万元，贷粮375千斤。甘丹寺的赤江·洛桑益西曾任达赖的经师，他的“拉章”有大豁卡7个，农奴1000多人，每年高利贷纯利粮可收大洋37多万元，利粮50多万斤。

扎什伦布寺以拉孜、昂仁、南木林三宗为香火地，有属寺51个，庄园、牧场30多处，每年收粮和畜产品非常可观。如其所属申扎宗新姑部落86户有牲畜16560头（只），规定每头牛年缴酥油1涅噶，共120克，交盐60克、小羊皮50张、羊毛口袋3条、羊毛2克、碱12克、布3.5丈、帐篷布10丈、牛1头、鞍子1个、垫子2个、绳子2根、马垫1个、牛皮2张、羊8只、藏银500两。[①]

热振寺早期为噶当派主寺，后来改宗格鲁派，为热振活佛的驻锡地。它所属的庄园有3个，属寺7个（曲桑、甘岗、江龙曲定、党丹、桑丹林、孜涅、羊贡），牧场3个（当雄的乌玛牧场、那龙香牧场、果聂牧场）。其中有些庄园是地方政府封赠的，有的是贵族施舍的，有的是热振活佛摄政期间利用职权强占的。庄园收入“除给百姓留有一小部分勉强糊口的生活外，其余全部交给热振寺”。

昌都强巴林寺是格鲁派帕巴拉活佛的主寺，清朝时帕巴拉活佛先后受封为“博善禅师”“诺门汗”“呼图克图”，昌都封为其香火田。强巴林寺有属寺（子寺）50多个，辖有昌都、昌麦、百白、穹波、米加达等5个小宗、18个甲本区和昌都城区。拉萨的麦如寺曾有庄园33个，下密院

---

① 宋赞良著“从乌拉差役看西藏农奴制下的人权”，《中国藏学》，1988年第4期。

有 28 个，每年的庄园收入数额巨大。

拉萨东北面的止贡为噶举派之系止贡噶举的主要活动区，据上世纪 50 年代调查统计，止贡替寺扎雪有差巴 13 户，烟火户 5 户，每户每年向寺庙交柴 400 甲玛。寺院吉索有 600 头牦牛，山羊和绵羊 1500 多只。止贡替寺属下的每个寺院也都有庄园、牧场、牲畜、农奴。如叶里岗寺下属有俄珠庄园，自营地 350 克，牧场 1 个，牧民 13 户，牧牛 800 多头，山绵羊 3000 多只。扎哇寺的切乌庄园有 150 克自营地，由 11 户溪约支差耕种；牧场 1 个，有牦牛 400 多头，山绵羊 200 多只。吾如卡扎寺的斯幕庄园有地 150 克，牧场 2 处，有牦牛 700 多头，山绵羊 500 多只。止贡拉让（止贡活佛府邸）拥有 8 个庄园，其中 1 个送给尼玛江寺的尼玛江活佛，其余 7 个（切吴、甲巴、旁埃、邦达、同盖、宗达、塔买）共有耕地 3600 余克，差巴 170 户（958 人），堆穷 415 户（1200 多人）；牧场有几处，其中斯如绒牧场有牧民 13 户（52 人），牦牛 850 头，山绵羊 1300 只；忙巴地区有牧民 18 户（68 人），牦牛 1250 头，山绵羊 2350 只；巴卡地方有牧民 27 户（102 人），牦牛 1850 头，山绵羊 3400 只；拉鹿古牧场有牧民 8 户（35 人），牦牛 350 头，山绵羊 480 只。（《直贡区寺庙庄园村落概况》，载《藏族社会历史调查》（一）西藏人民出版社 1987 年版，第 209～210 页）据上世纪 50 年代调查，当时西藏有寺庙 2500 多座，占有实耕土地约 180 万克，牧场 400 余处，农奴 9 万余人。

西藏寺院占有土地、牧场的情况如此，那末甘、青、川、滇地区的藏传佛教寺院又如何呢？据《藏传佛教源流及社会影响》一书所说，这些地区的寺庙和上层僧人占有生产资料的情况同样严重，所占土地中的绝大部分是由土司赠与奉送的，少部分由贵族头人布施或高僧抢占的。四川甘孜地区的大金、甘孜、理塘、灵雀、惠远、寿灵、日枯 7 个寺庙共占有土地 2.1 万亩。木里大寺占有耕地万亩以上；德格县全县 35 个大小寺庙共占有土地 6800 余亩。阿坝的格尔底寺曾在热耶部落有耕地 60 亩，每亩产量以 240 斤青稞计算，每年收青稞 14400 斤，纯收 8400 斤。在绛扎部落尼巴寨有耕地 30 亩，每年收青稞 2700 克，另收圆根 3 万斤。该寺还有马 600 匹，骡子 14 匹，驮牛 450 头，羊 3500 只。[1]

云南的归化寺（松赞林寺）迄民国末年直接占有土地 20 多万亩，约占当地土地总数的 42‰（又说所占土地相当于该地区耕地面的 34‰），每年地租收入粮食 200 石以上，草场税赋收入酥油 3700 多市斤，放高利贷银息达 12.5 万多元，粮食 4000 多石，拥有上千万元寺院资产投入经商，2000 多匹骡马商业贩运。[2] 1681 年，归化寺建成时，康熙帝敕赐度牒 330 份，并百姓 300 户作"吹德"（教民庄户）。七世达赖喇嘛时，清廷赏赐百姓 70 户，永作庄园。

青海的佛教寺院共占有土地 34.83 万亩，其中塔尔寺就占了 10.2 万亩，以"租佃形式"出租，"每亩地租为 28.38 斤小麦，凡租地 3 亩以上的每亩要交酥油 1 两，租地在 7 亩以上的，每亩要交夏羊毛半斤，每亩地要交草租 20 斤"。[3] 东科尔寺占有土地 10 万亩以上。

四川甘孜地区的八邦寺、噶托寺、佐钦寺、西钦寺和白玉寺等 5 座寺院是德格土司的家庙，它们所占有的土地、牧场、牲畜等基本上由德格土司所赠。上世纪 50 年代，德格头人夏克刀登将一块牧场划归古绒寺，并立字据规定古绒忿甲平、甲得松多、加约山平、益桑扎拉、门格拉青马一学，以及各山谷末处的拉绒和扎绒青等地的水草地为古绒放牧的地方，永久属古绒寺，不许任何人干涉侵犯。[4]

拉卜楞寺是格鲁派在藏区的六大寺院之一，系青海和硕特前南旗贝勒察汗丹津资助修建的，曾有子寺 100 多个。其所属部落按依附程度分"拉德"（神民）、"穆德"（政民）、"曲德"（教民）和"栓头"四类，[5]所

---

① 四川省编辑组《四川省阿坝州藏族社会历史调查》，成都：四川省社会科学院出版社，1985 年。

② 杨学政主编《云南宗教史》，昆明：云南人民出版社，1999 年。

③ 丁汉儒等著《藏传佛教源流及社会影响》，北京：民族出版社，1991 年，第 119 页。

④ 冉光荣编著《中国藏传佛教寺院》，北京：中国藏学出版社，1994 年。

⑤ 蒲文成主编《甘青藏传佛教寺院》，西宁：青海人民出版社，1996 年，第 518 页。

占有的土地约有6000余亩（也有其他不同说法），主要分布在大夏河流域，拉卜楞寺附近十三庄900余户都是它的佃户，“佃户租种土地，不以亩计，而是按份计算。每份地下籽种5斗，租粮（青稞）5斗，每斗约35斤，5斗合175斤，即1份地收租粮175斤”。[①] 另外，拉卜楞寺拥有不少牧场，仅夏河境内有牧羊36500多只，牛7400多头，马9540匹，还出租房屋5100多间。

总之，过去藏传佛教寺院占有的土地包括耕地和牧场，其所有制形式分两类，即寺院集体占有和高僧私人占有，分别以庄园形式和土司、拉让（或拉章）形式经营。属于寺院集体占有的土地，一般分属三级组织管理，即“喇基”（或吉索）、“扎仓”和“康村”，而高僧所属的土地归个人私有，拥有世袭权、租佃权和经营权，不可以变卖。大庄园和中等庄园的管理，由寺院“吉索”派“涅巴”（管家）直接去管理，小庄园和边远地区的土地则“租给农奴主代理人经营管理，由代理人定期、定额向寺院缴纳地租，期满后由寺院收回”。[②] 属于寺院的所有庄园土地绝对不许买卖，所属百姓也不许离开，他们以长年乌拉为谿卡从事农作。如哲蚌寺在东嘎宗德桑通曲谿有长年乌拉17.5人，他们除耕种土地外，还负责运草、管理林木等，全谿卡的全年各项收入总计达5000克以上，除上缴放债及谿卡本身开支外，库存最少在1500克以上。[③] 寺院、高僧的土地出租给他人耕种，每年以定额地租的方式收取地租。土地租额分定额和不定额两种，前者一般为1克地交2～3克，占土地产量的40％～50％。“不定额地租则方式多样，如对分制有‘张协’（分净粮）方法，及脱粒晒干扣除种子后平分；有‘查协’（连秸分）之法，即

① 冉光荣编著《中国藏传佛教寺院》，北京：中国藏学出版社，1994年，第242页。

② 丹珠昂奔等主编《藏族大辞典》，兰州：甘肃人民出版社，2003年，第738页。

③ 聂恒友、孙必祯等著“东嘎宗调查材料”《藏族社会历史调查》（一），拉萨：西藏人民出版社，1987年。

庄稼割倒后，在地连秸平分”。[1] 曲谿的经营方式基本与贵族庄园的经营方式相同。

寺院占有的牧场和牲畜一般采取牧租形式获取收入，牧租形式有“结约期约”和“结美期美”两种。“结约期约”，意为“有生有死”，即寺院把牲畜租给牧民放牧，按照牲畜每年的自然增减数收租，死畜无租，产仔归主，牲畜繁殖和死亡全归寺庙负担，但畜死必须说明原因，拿出证据，否则由承租者赔偿，承租人没有转租权。在西藏，租额“一般是当年生小牛的奶牛每头交酥油 4 克，至次年继续生小牛的交酥油 3 克，不再生小牛的交酥油 2 克；母羊每只交 5～7 娘嘎(每娘嘎约合 4 市两，一说 20 娘嘎为 1 克)酥油，羊毛全交”。[2] 有的寺院还要根据牲畜数规定差役，如酥油之外的牛羊皮、牛羊毛、帐篷、绳子等。像止贡地区的寺庙土地全部租出，由承租者轮流支付寺庙念经费用的不足部分。

“结美期美”，意为“不生不死”，即寺庙领主将牲畜租给牧民，承租人不管牲畜繁育多少或死亡多少，每年按最初牲畜数目交纳畜租。一般 1 头母牛交酥油 2 克，1 头公牛交砖茶 2 块，1 只羊交羊毛 5～6 娘嘎，摊租给谁，就必须无条件的接受。各地各寺的租额和乌拉差役不完全相同。

甘、青、川、滇地区寺庙土地所有制形式与西藏寺庙基本相同，土地、牧场的经营方面因寺因地而异。如四川的甘孜寺采取科巴生产、出租和雇人耕作 3 种形式。“科巴”(意为房子，指住在头人房子里的人)一般有一份土地，不纳粮，但每年需要 10 个月左右的时间为寺院服无偿劳役，进行耕地、播种、薅草、收割等以及其他劳役。土地出租有实物地租和劳役地租两种形式。雇工耕作，寺院将部分土地临时雇工耕作，以不同的方式或东西支付工资。在四川的其他寺院这几种经

---

① 冉光荣编著《中国藏传佛教寺院》，北京：中国藏学出版社，1994 年，第 232 页。

② 况浩林著“近代藏族地区寺庙经济”，《中国社会科学》，1990 年第 3 期。

营形式使用较普遍。青海塔尔寺的土地佃种形式，据冉光荣先生总结有租粮地、营粮地、大粮地、包田地、让租地和佃户地6种，租额不等，“原则上说1亩年租约合青稞28.38斤。租3亩以上另交酥油1两；租75亩以上交羊毛半斤、草20斤”。①

(二)高利贷和商业经营

在藏区自从有了寺院以后，就开始向农牧民摊派各种差役。格鲁派专权后，即甘丹颇章政权时期寺院凭借其政治、经济、宗教特权，向群众摊派的苛捐杂税的名目越来越多，诸如“驮畜差”、“马夫差”、“僧差”、“萨崔差”(短途运输差)、“宗吉差”(长途运输差)等乌拉差役，临时有事随时派差。放债也成了寺院的特权，不论大小寺院都征收差税、放高利贷，而且量大、对象广、债息重。通常以钱、粮食和其他财物为高利贷资本，利息率因资本和寺院不同而略有差异，但比世俗高利贷利息要高。据统计，民主改革前西藏寺院放债的总数约占三大领主放债总和的80％，最高利率达到150％。如拉萨的甘丹、哲蚌、色拉三大格鲁派寺院共放债粮1623273克，年收利息285692克；放藏银51058595两，年收利息1402380两(又说高利贷本粮5900多万斤，高利贷本银大洋580多万元)，高利贷利息收入约占三大寺总收入的25％～30％。其中哲蚌寺放债最多，“它历年放出高利贷的粮食累计达一亿六千多万斤，银元达一亿多元，债息收入约占全部收入的25％。”甘丹寺所属百姓负担的差税达3000多种，“扎仓以上组织、上层活佛私人和富裕的康村，都有高利贷基金”。解放前，高利贷钱粮利息为借二还三，“如果春天借粮秋天还不上，或借钱六个月还不上，便利本相加再变二为三”。② 据1958年统计，甘丹寺放出的高利贷粮食

---

① 《藏传佛教源流及社会影响》则说：“每亩地租为28.38斤小麦，凡租地3亩以上的每亩要交酥油1两，租地在7亩以上的，每亩要交夏羊毛半斤，每亩地要交草租20斤，并要为寺庙服各种无偿劳役”。119页。

② 肖洛德著“黄教首寺与寺院领主——甘丹寺调查记”，《西藏民族学院学报》，1983年第2期，第70页。

821000 多克，钱达 925 万多两藏银，高利贷是甘丹寺经济收入的重要来源之一。

热振寺发放高利贷利息最低为借五还六，最高为借二还三。扎什伦布寺和白居寺每年放债粮银所得年利均可达到 10％～20％。哲蚌寺所属的桑通曲谿放债利率过去为借四还五，1952 年达赖下令改为借五还六，每年放债两次，一次在下种前，另一次在五六月间，放债达到 1000 克，若期满不还，利上加利。如墨竹工卡的卡扎寺每年在甲玛谿卡放债 600～700 克，比谿卡领主所放略多。农奴借贷一定要送哈达，每借 1 克青稞就要送 1 个鸡蛋，没有鸡蛋就折成钱送去。借债人一般要觅保立约，或以物作押，押品价要超过借债数。[①] 一般借一还二，利率 100％；借二还三，利率 50％；借三还四，利率为 34％；借四还五，利率为 25％。寺庙不顾农奴或借债人的死活，用“盖拉盖加”（利滚利）和“加塔拉哲”（铁锁链环保）这样最残酷的高利贷，成为借债者永远还不清的“万年债”。如墨竹工卡帕买地方 10 户人家借甘丹寺绛孜扎仓青稞 50 克，经过若干年滚成 410012 克。五世达赖喇嘛所建的十二群科林之一的勒协群科林（牛寺）在寺内外都放有高利贷，寺外放粮债青稞 19985 克，银债 962.15 克（藏银），内债粮债 300 克，银债 500 品（一品等于 50 两藏银），多为子孙债。山南地区寺庙放债也以粮食和银钱为主，钱债利息有两种，一种叫“15 两利”，即借 1 品（50 两）藏银，除了扣除 5 两的“请求费”外，年利 15 两；另一种是“10 两利”，即借 1 品藏银，扣除 5 两请求费，年利 10 两。粮债利息，一般年利借四还五（后来改成借五还六）。在三大领主中，寺庙高利盘剥，债利最重。据《卫藏通志》记载：“上等地，下籽种一克者，交粮十克；中等地，下籽种一克者，交粮七克；下等地，下籽种一克者，交粮五克”。

其他藏区寺院的放债同样面广息重，四川德格县的更庆寺放青稞债约占寺院总额的 65％，以银元放债 10576 元，粮食 587 克。理县的

① “关于甲马赤康谿卡的调查报告”，《藏族社会历史调查》一，拉萨：西藏人民出版社，1987 年，第 159 页。

喇嘛寺在1949年共放银元债552.9元，折合粮食27.645石，放粮食307.1石，两项共计粮食334.745石，规定利息为“十两银子四斗利”。“马尔康寺有粮15000斤，年利20‰，可得利息3000斤；银子折人民币12629元，年利20‰～25‰，可得利息2859元”。(《四川省阿坝州藏族社会历史调查》)格尔底寺放债利率一度达到120%。麻书安抚司地区寺院所放高利贷占债务总额的80%以上。云南的松赞林寺每逢春末以青稞、银元、酥油放债，利率3分，秋末收回，以1年计息。每年以青稞300万斤分批借放，借期半年获息4654800石，放银债收入合云南半开12500万多元。[①] 像拉卜楞寺和塔尔寺这样的大寺院每年放债收入是寺院经济的重要来源。

寺院和僧侣从事商品交易在藏区商业活动中一直具有重要作用。寺院因受各方面的供养，财富日厚，僧侣用来经营商业与世俗争利，而且受到政府的保护。经商免税，赋予种种特权，使寺庙及僧侣的财产不断增加，多数大寺院专门设立经商管理部门，管理产业。格鲁派兴起后，商业活动的发展越来越突出，寺院几乎获得了与贵族分享的控制权，甚至超过了世俗贵族的权利。经商的内容，主要是以羊毛皮张、牦牛尾、名贵药材等土特产品同内地交换茶叶、绸缎、棉布及其他日用品，少数经济势力雄厚的寺庙还经营印度与西藏之间的进出口贸易。根据《元史》和《明实录》记载，僧人的贸易行为早在元代就已经开始，到了明代有所扩大，不少高僧组成庞大使团进京朝觐，用中央政府赏赐的钱财物品在内地换成藏区急需的日用品带回出售，以捞取更多的资本。如1440年，僧人葛藏一次运私茶及彩缎数万斤(匹)。明景泰年间，藏僧贷买私茶至数万斤及其他器具，通过官私方式将大量物资从内地运入西藏出卖。后来这种私商或赚钱的行为完全变成寺庙的商贸活动，他们通常以低价买入高价出售的手段积累经济财富，以增加寺院收入。如班禅的拉章系统每年商贸收入大洋约为2万元，工商

① 冉光荣编著《中国藏传佛教寺院》，北京：中国藏学出版社，1994年，第253页。

税收入约12万元，两项共收入大洋约14万元。民主改革前，昌都强巴林寺的商业机构从寺院、活佛到各扎仓共有9家，拥有商业资本多达大洋100万元以上，经营内容有食盐、川茶、哈达、布匹、毛料制品及土特产。它的显宗扎仓有商业资本大洋10万元，专门在昌都和拉萨两地经营印度商品，除去扎仓开支，年盈利三四千元大洋。①

热振寺有专门的商队，每年往来于西藏、内地和印度之间经商二次（即夏、冬两季），购进手表、毛料、布匹，售出药材、氆氇等，寺院拥有商业资本大洋25万元。另外，热振寺在拉萨有房屋200多间，每年每间房租收入藏银2锭（1锭50两），共4000锭（2万两）。像功德林活佛有商业资本130000万元。据《四川阿坝藏族社会历史调查》统计，解放前若尔盖德格尔底寺每年商业收银达33000元。草登寺有专门经商的大管家4人，小管家10人，拥有商业资本6万银元，大管家每人每年缴回利润酥油1万斤，茶7包（每包120斤），青稞16担（每担150斤）。阿坝、松潘一带的寺院一般各有商业资本400余万元。甘孜地区的理塘寺设6个西所，分管财物，每个西所拥有上万元的商业资金，经营的主要商品有鹿茸、麝香、虫草、贝母等名贵药材和边茶、黄金、羊毛、牛皮、呢绒、布匹、绸缎、烟草、烟、粮食、油、肉以及从印度、日本、英国、法国等国进口的日用商品。

大金寺设“西空”（经济会议室），下设7个机构，其中西所、曲舍叶巴、额业3个机构专管商业经营，西所共有6人，设会首“西巴”（业巴）1人总负责，另4人分管拉萨、昌都、玉树、康定店铺，1人负责运输联络，拥有资金150多万元；曲舍叶巴主要经营印度、西藏、四川等地商业和管理部分土地的耕种；额业的职责是协助西所经营小型商业，如糖、酥油、碗等日用品。大金寺的商业“多系运茶到拉萨，销售后购买羊毛运去印度，贩卖后买回毛料布匹及其它物资，在拉萨、昌都、康定等地出售。此外又大规模经营虫草、贝母、麝香等珍贵药材，运销成

① 罗莉著《藏族经济》，成都：巴蜀书社，2003年版。

都、上海等地”。[1] 它的商业利润占全寺总收入量的70%以上。

拉卜楞寺和塔尔寺是安多藏区规模较大的两所寺院，它们利用靠近内地的便利专设机构经商。拉卜楞寺拥有大洋12000多元，白银60多两，资金雄厚，有总吉哇2人管理经营，将西藏等地的藏红花、麝香等名贵药材及氆氇等运回高价出售，收入相当可观。塔尔寺的商业经营方式多种多样，除了寺院组织专人经商外，还将资金贷给本寺僧人，一年内交还本金后再利润分成；也有将资金贷给商人，或者与商人合股经营商号，经营范围远及北京、天津、河北、西藏和印度、尼泊尔等。冉光荣先生总结说：“寺院为藏区商业巨臂，其经营资金之巨、规模之大、范围之广，为土司、头人及汉、藏商所不及，实卫藏区商业贸易的控制机构”。[2]

除上述以商品买卖为主的商业经营方式外，寺院还把多余、空闲的房屋出租，如接待来客或租给商人摊贩，也经营邸店、依托法会定期开展集市、开设药铺等，经营的方式因寺而异。另外，寺院从事医药行业的僧人也不少，因为藏传佛教的一些寺院专设医学课程，有些僧人成为医术高明的医生。如萨迦班智达贡噶坚赞给阔端治病，四世班禅给藏巴汗治病等。僧侣们在阅读佛典的同时，也要学习包括医学著作在内的大量的其他典籍。提倡普度众生、救死扶伤、解除他人痛苦是佛教教义的具体体现。解放前藏区的医院，尤其是在西藏医院基本上是由僧人开设的，一些寺庙甚至设有药房等。虽然僧人行医不是为了求回报、以赢利为目的，但也适当收取钱财以增加寺院经济收入。

藏传佛教的特点之一是村镇、集市围绕寺庙而建，寺院充分利用这些便利条件，开展商业经营，市场交易向有利于寺院的方向发展，寺院法会和其他宗教节日等各种活动与集市贸易直接相关。“人们在娱乐赛神的形式下进行着商品交易，是一种特殊的交流形式”。

① 冉光荣著《中国藏传佛教寺院》，北京：中国藏学出版社，1994年，第218—219页。

② 冉光荣著《中国藏传佛教寺院》，北京：中国藏学出版社，1994年，第263页。

(三)皇帝的钦赐与地方政府的津贴是寺院经济的重要收入

历代皇帝对藏传佛教寺院的钦赐多限于建筑经费、法会布施、祭祀用品、经典等,而地方政府的施舍除此之外,还有田地、牧场、牲畜、寺基、殿堂建筑费、粮食、酥油和其他用品等。尽管皇帝钦赐的对象基本上是上层僧人,他们中的大多数是一寺之主或一派的领袖,钦赐和施舍也作为寺院集体经济收入的一部分,对寺院的发展有很大的作用。根据汉文史料记载,吐蕃王朝分裂以后,甘青一带的藏族部落继续崇尚佛教,大修寺庙,北宋政府把广建寺庙作为羁縻吐蕃的一项具体措施,在经济方面给予支持,"凡是吐蕃部族为修建佛寺所要求的物品,宋王朝一概赐予,竭力满足他们修建佛寺的要求"。① 在吐蕃聚居的熙河地区,宋朝拨专款先后修建了大威德禅院、广德禅院、东山禅院、广仁禅院等。元朝实现了全国大一统,西藏归附中央政府管辖,忽必烈采纳八思巴的建议免除了西藏寺院的捐税和差役。忽必烈还"以吐蕃十三万户委付于八思巴以为其首次传授佛法的供养",(《萨迦世系史》)前后几次赏赐八思巴以黄金、珍珠饰袈裟、长坎肩、珠宝器具、法衣、帽鞋、黄金伞盖、金座、金杵、金爵、白银等大量财物。其后,元朝历任皇帝对藏传佛教僧人的封赐更是增加。据《元史》记载,1305 年,元成宗赐帝师辇真监藏(仁钦坚赞)黄金 500 两、白银千两、钞 3000 锭,以及万匹币帛;1312 年,仁宗皇帝赐西僧黄金 5000 两,白银 25000 两,币帛 39900 匹;1321 年,英宗皇帝赐萨迦地方僧人黄金 250 两,白银 2200 两等。同年十二月,"命帝师公哥罗古罗思监藏班藏卜(贡嘎洛追坚赞)诣西番受具足戒,赐金千三百五十两、银四千五百十两、币帛万匹、钞五十五贯"。② 1442 年,明英宗敕谕河州、西宁等处官员划

---

① 刘建丽著《宋代西北吐蕃研究》,兰州:甘肃文化出版社,1998 年,第 368 页。

② 《元史》卷 2《英宗纪一》。

拨土地为大慈法王建寺，敕谕说："今以黑城子厂房地赐大慈法王释迦也失盖造佛寺，赐名弘化，领敕护持。本寺田地、山场、园林、财产、孳畜之类，所在官军人等，不许侵占骚扰侮谩……军民敢有不遵命者，必论之以法"。[①] 尽管这种赏赐内包含着复杂的政治因素，同样也是一种有重要影响的经济关系，有利于佛教和寺院的发展。

明朝实行"群封众建""宽容优抚"的政策，对藏传佛教各派领袖均予分封，允许他们按照级别定期朝贡，给予厚赏。进贡的贡物有画佛、铜佛、铜塔、珊瑚、犀角、左髻、毛缨、刀剑、甲胄之类。朝廷赐给黄金、白金、彩币、锦帛、法器、鞍马、香、果、茶、米等物。这种薄来厚往、优于市贡之利的政策对藏族地区大小僧侣领袖具有相当大的吸引力，通过贡赏不仅维系和加强与中央政府的统属关系，还能得到丰厚的经济赏赐。1406 年，噶玛巴第五世黑帽派活佛入贡时，朝廷给予极高的礼遇和尊崇，"帝延见于奉天殿，明日宴华盖殿，赐黄金百，白金千，钞二万，彩币四十五表里，法器、茵褥、鞍马、香果、茶米诸物毕备"。次年，赐仪仗、银瓜、牙仗、骨朵、魫灯、纱灯、香合……银交椅、银足踏、银机、银盆、银罐等。(《明史·西域传三〇》)明朝先后赏赐"大宝法王"七次之多，"仅白银一项就有大银翘宝七百颗"。[②]

1408 年，明朝遣使来迎请格鲁派领袖宗喀巴，赏赐各色丝绸、彩绫、水晶念珠、金刚杵、茶叶等近 20 种物品。1414 年，释迦益希(释迦也失)代表上师宗喀巴进京朝觐，次年被封为"大国师"。1416 年 6 月，释迦益希辞归，明廷赐金银、绸缎、佛像、法器、佛经等大量财物，其中有永乐版藏文《大藏经》108 函，16 尊 1 套的檀木尊者像等。1418 年，他以明朝的赏赐修建了色拉寺。明朝优于贡利、"厚往薄来"、"宁厚勿薄"的举措不仅吸引着大批的藏区地方官吏，而且吸引众多僧侣集团，他们分别以高僧名义和寺院名义派遣使团进京朝贡。明洪武时规定每 3 年一朝贡，迄宣德、正统年间(1426～1449)入贡不过三四十人，景

---

① 《明英宗实录》卷 95。

② 循努贝著《青史》，拉萨：西藏人民出版社，1985 年，第 332 页。

泰年间(1450～1457)增到300人,到天顺年间(1457～1464)猛增至二三千人,每年竟朝贡二三次。成化初,“宪宗复好番僧,至者日众。扎巴坚参、扎巴实、领占竹等,以秘密教得幸,并封法王。其次为西天佛子,他授大国师、国师、禅师者不可胜记。四方奸民投为弟子,辄得食大官,每岁耗费巨万”。(《明史·西域传三》)成化六年规定阐化、阐教、辅教王等诸王三年一贡。弘治年间(1488～1505),朝贡人数呈剧增之势,入贡者一次多达3800余人;嘉靖十五年正月(1536年2月)一次最多达4170余人。入贡者“络绎不绝,赏赐步赀”。更有甚者,武宗崇信番僧又胜宪宗一筹,他相信乌斯藏有一活佛能知三生,便命中官刘允携带大量金银财宝,敕命印诰、盐巴茶叶入藏。

除高僧之外,寺院也纷纷组织僧团朝贡,据《明实录》记载,正统十四年(1449年)麦思奔寺(哲蚌寺)朝贡;景泰二年(1451年)些腊寺(色拉寺)朝贡;成化六年(1470年)葛丹寺(甘丹寺)朝贡;成化十六年(1480年)扎矢论卜寺(扎什伦布寺)朝贡。每次朝贡都是带着丰厚的赏赐而归。有的利用所得的巨额财富,一路上进行贸易活动。据《明代宗实录》卷232记载:景泰年间藏僧“贷买和茶至万数千斤及铜、锡、磁、铁等器用”。这种通过朝贡不仅争取到皇帝(或朝廷)更多的恩赐和经济实惠,且能为寺院提供物质保障,推动寺院经济发展。

清代采取利用黄教(格鲁派)控制蒙古的政策,优崇藏传佛教,先后在北京修建了弘仁寺、嵩祝寺、妙应寺、雍和宫等30多座藏传佛教寺庙,在河北承德修建12座。1691年,耗银10万多两在内蒙古建汇宗寺、善因寺,之后“发帑银十万两”在库伦兴建庆宁寺。厚赏以达赖和班禅为代表的高僧,而且赏赐的数量超过前朝。据《西藏记》记载,固实汗消灭藏巴汗政权后,清政府规定“卫藏地方,乃赏给达赖喇嘛采邑,免其正赋之贡”,在经济上,免除僧人赋税和徭役。1652年,五世达赖喇嘛进京朝觐,顺治帝拨专款在京修建黄寺供其驻锡,并赏赐黄金550两,白银12000两,大缎1000匹等。《五世达赖喇嘛自传——云裳》记:1653年2月18日赏赐50两金制茶桶2个、金盆2个、银茶筒8

个、白银1万两等。[1] 1674年，康熙皇帝在赏赐五世达赖的物品中有重达135两的金曼陀罗、百两重的金锭、银茶筒和元宝410两等。五世达赖喇嘛曾利用钦赐的金银资财在藏区修建了多座寺院，极大地推动了格鲁派的发展，壮大了格鲁派的势力。康熙皇帝曾规定由打箭炉税收项下，每年拨给达赖喇嘛白银5000两，拨班禅茶叶50大包。

六世班禅巴丹益希是历世班禅中第一位进京向皇帝祝寿的班禅喇嘛，乾隆皇帝前后赏赐大量的珍贵物品和金银。据《六世班禅洛桑巴丹益西传》记载："大清皇帝赏赐的礼品价值无可计量，犹如大海的宝物。那些从远方送来的水陆动植物，以及出自大地、深山之珍宝，鲜为人所见闻"。[2] 进京前的1748年10月皇帝遣使臣送来诵经费黄金29两2钱，僧茶费白银1000两。1779年9月25日，乾隆赏赐金质如意钩、玉碗、金钟、25两金制茶筒1对、15两金制碟子1对、银桶8个（每个含银50两）、银碟8盘（各含银30两）、1000两银质器皿等。六世班禅在京圆寂后，在其灵塔前供奉的金、银等祭品"共价值白银四十万五千二百六十五两三钱零五分"。[3] 翻开藏文文献，这样的情况实在太多了。有清一代，各地的大寺院几乎都有钦封的呼图克图或大活佛，清政府不仅给他们一定的权力，还在经济上进行扶持。除此之外，地方政府也给予寺院一定的补助。西藏民主改革前，拉萨三大寺每年的宗教活动经费和日常生活开支都由噶厦政府补济。据不完全统计，每年三大寺需要茶叶约2000余包，酥油17.5余斤。另外，噶厦政府还资助购买粮食、服装、盐柴等，共需大洋174.5万多元，在地方政府的全年开支中宗教开支约占69.5%。达赖喇嘛经常以个人或政府名义向不少寺院发放布施，资助宗教活动。

---

① 木刻本第一部第203页。

② 第二世嘉木样活佛著《六世班禅洛桑巴丹益西传》，拉萨：西藏人民出版社，1990年，第658页。

③ 《六世班禅洛桑巴丹益西传》第658页。

（四）宗教活动收入

举办法会、外出念经和化缘是寺院、僧尼必不可缺少的宗教活动，通过它们所得收入是寺院经济来源的重要组成部分。但是，所得捐助和施舍的多寡，直接与寺院规模的大小、寺院殿堂的华丽程度、寺院所在的地理位置、寺院的规格以及在群众中的影响力有直接关系。佛教倡导积德行善和因果报应，现实社会中的所作所为决定来世的果报。在宗教文化氛围及其浓厚的藏族社会，大多数人信仰宗教，生活中如果失去了宗教就好像失去意义，生活宗教化。所以，为了来世幸福，人们把向寺庙、僧侣的布施看作是“禳灾祈福”、改善“业报轮回”的善行。甚至不少人不惜把所有的财富布施给寺院，以实现他们的宗教心愿。这种布施在所有的布施中属于经常性（常态性）布施，次数多量少。另一种是地方政府和贵族、官员的布施，由于过去寺院集团在政治权力结构中的决定性作用，致使世俗官员和上层贵族尽量与寺院联系起来，以丰厚的物品进行施舍，资助法事活动，以获得支持。布施分一般信徒布施和特殊施主（或信徒）的布施，一般信徒虽然人数众多，但其本身的经济状况较差，捐施的财物总量并不多；特殊信徒拥有雄厚的财富，虽然人数少，但捐施的总量很大。如清乾隆时期规定，每年给四川理塘寺僧人衣单白银 600 两、杂粮 1754 石、牛 472 头、酥油 958 斤、麦子 400 克、糌粑 425 克。1936 年，黄慕松入藏代表国民政府向拉萨的三大寺僧人每人布施大洋 2 元。这三种布施只是资助法会，或是施与僧人的熬茶费，不包括上述土地、牧场方面的布施。布施物呈现多样性，包括每年在大型法会期间得到的所有布施、在世俗家庭中念经所得报酬、不同季节奉献佛菩萨的食物及为死者设斋时所舍给僧人的布施。

1409 年，大昭寺第一次祈愿大法会期间收到的布施物有金银珠宝、绸缎、布料、青稞、酥油、糌粑、肉类、酪糕、茶叶、牛羊、香料等，数量之大，种类之多难以想象。《宗喀巴传》记载：这次法会所收布施中黄金共 921 钱，酥油 926500 斤，青稞和糌粑 455275 斤，白茶 4160 块，黑茶163块，牛羊肉43440斤，牛羊等牲畜折价合黄金2073钱，还有其它物品。据上世纪50年代统计，大昭寺每年的祈愿法会期间，得到噶厦政府布施的酥油40多万斤，茶叶近2万斤，青稞10多万斤，大米约6万斤，肉12000多斤，糌粑（含麦片）34万斤，钱财折合人民币62万余元。《大昭寺史事述略》说：该寺每次大型千供收入酥油1190斤，每年18次，共收21410斤；青稞2828斤，全年18次共收入50904斤；糌粑4032斤，18次共收72576斤（注：酥油1克合7市斤，糌粑1克合24斤，青稞1克合28斤，藏银1锭合50两，茶1块合4斤）。中型千供全年20次，收入酥油21000斤（每次1050斤）；青稞1428斤，20次合计28560斤；糌粑每次收入2688斤，20次共53760斤。小型千供收酥油共5698斤，青稞15400斤，糌粑29568斤。祈愿法会和会供法会期间收入茶叶19845斤，酥油165741斤，糌粑170400斤，米58800斤，肉12600斤，人民币539997元。总之，大昭寺每年各项收入共计酥油404359斤，茶叶19845斤，青稞107884斤，米58800斤，肉12600斤，糌粑344304斤，人民币621372元。[①]

哲蚌寺是全藏区规模最大的一座寺院，在寺僧人最多时达到12000多人，它每年的布施收入青稞1100克（约27500斤），酥油850克（约合21250斤），藏银310万两。[②] 其他寺院每年也有数额巨大的布施收入。值得注意的是寺院在向僧尼分配布施时是按照等级高低进行的，每个寺院的标准不尽相同。如祈愿大法会期间，高级僧人可得藏银50～80两，低级僧人只得5分到1钱。在塔尔寺，大法台得15份，大活佛得8份，普通活佛得3份，僧官得2份，普通僧人得1份。甚至在念经收费上也有标准，如四川阿坝州红原的麦洼寺规定：头等喇嘛每人每次收马1匹；二等喇嘛每人每次收母牦牛1头；三等喇嘛每人每次收小牛1头或藏银20～30元；四等喇嘛每人每次每天收白银1元；五等喇嘛每人念经7天，收藏银3元。（《阿坝藏族自治州若

① 载《西藏研究》1980年创刊号。

② 牙含章著“论西藏封建农奴制度”，《中国藏学》，1988年第1期。

尔盖、阿坝、红原调查材料》)

寺院经济是宗教经济的重要表现形式。后弘期以来藏传佛教寺院有了突飞猛进的发展,尤其格鲁派专权以后,在藏区不同的地方建起了规模较大的寺院,形成了寺院集团和宗教活动中心,无论从僧尼人数多寡、寺院的分布,还是寺院经济力量的强弱,由于各地社会经济发展水平不同,寺院经济发展的不平衡性也十分突出,往往处在交通便利的城镇中心的寺院是高僧聚居的地方,发展快,实力雄厚,地域差异十分明显。有时,寺院的发展在很大程度上取决于僧侣,或者有高僧活佛主持的寺院能吸引信徒和香客。但无论如何,藏区众多的寺院和庞大的宗教专业人员队伍的生存和发展,是建立在社会物质生产水平高度发达的基础之上的,如果没有了经济基础,任何寺院和僧侣队伍是无法产生和维持的。

三、宗教与藏族社会经济的互动关系

宗教与社会经济是两个不同领域,社会经济是宗教赖以产生和发展的基础,离开了经济基础就谈不上宗教的发展。相反宗教发展到一定程度时也会对社会经济发生反作用和各种不同影响,即阻碍社会经济向前发展。所以,两者之间既有内在关联,又相互推动和制约。在不同的历史时期和社会条件下,宗教对经济的作用和影响是不一样的。

任何意识形态都必须依赖于一定的经济基础,作为藏民族所信奉的主要宗教——苯教和藏传佛教也不例外,它们在不同时期的发展程度直接由那个时代的经济发展水平决定的。首先,从苯教发展的历史来分析,苯教产生于古代西藏西部的象雄(今阿里地区),主要传播发展于中部的雅隆河谷地区和东北部的那曲以及四川西部的大小金川地区。据藏文史料记载,早在吐蕃王朝之前的雅隆悉补野部落联盟首领聂赤赞普、穆赤赞普和止贡赞普、布德贡杰时期,苯教自西传入雅隆地区,并且得到很大发展。其中的原因是与雅隆悉补野部落的社会经济有很大关系。学术界研究认为，聂赤赞普和穆赤赞普等"天赤七王"时期，雅隆部落处在原始社会发展的末期，社会内部已经出现阶级分化现象，以农耕和畜牧两种生产方式结合的农业结构初步形成，农牧经济的发展相当明显。"氏族长老、专业祭司、部落首领逐渐成了享有诸多特权的贵族阶层，部落联盟实际上演变为由这类上层人物把持的、并主要为他们的利益服务的工具"。[①] 聂赤赞普作为雅隆悉补野部落联盟的第一代首领被神化为"天神下凡为人主"的"天神之子"，以苯教护政。这时"垦田耕种、建筑城堡"，上层人"衣饰华美，出入乘马"，社会进步，经济发展。宗教作为神化部落首领和上层特权的机制，显得越来越重要，与社会政治、经济的联系日益密切。

止贡赞普是悉补野部落的第八代首领，这时期社会贫富分化进一步加剧，社会矛盾激化，社会转型带来的宗教矛盾凸现出来，外来的黑苯代替了原来的白苯而成为重要的统治工具。这种进步与生产力的进步和经济的发展是分不开的。止贡赞普的继承人布德贡杰时雅隆悉补野部落联盟开始摆脱部落制，生产方面开采矿藏，冶炼金属，青铜器和铁器已开始得到普遍使用，手工业有了较大发展；牛耕的出现和推广，使农业进入了传统农业形成的历史时期；兴修水利，灌溉农田；蓄草备冬，采集草籽进行人工种植牧草，使畜牧业经济也有了很大的发展。在思想文化方面，据土观的《宗教源流》说：当时分别从克什米尔、勃律和象雄等地请来三位苯教师，其中一人行使巫觋之术，另一人以色线、牲血等为占卜，还有一人则擅长镇压厉鬼，精通各种巫觋之术。说明巫术活动开始兴起，巫师的政治作用日益明显。原始的自然宗教渐被巫术活动所取代，"由于经济基础的改变，作为上层建筑领域的苯教也发生了极大的变化"。[②] 这种各个不同时期宗教观念的内容是根据社会的经济条件和生活需要创造并赋予的。

---

① 孙雄著《圣俗之间：宗教与社会发展互动关系研究》，哈尔滨：黑龙江人民出版社，2006 年，第 70～71 页。

② 格勒著《藏族早期历史与文化》，北京：商务出版社，2006 年，第 418 页。

当雅隆社会发展进入到公元6世纪，农牧业经济有了显著的发展，以农牧产品交换为主要内容的贸易活动活跃，经济实力日益强盛。据史籍记载，囊日松赞之时，吐蕃都城群琼巴人口剧增，客商云集，市场繁荣，商人们在王宫附近开市设肆，出售外来的珠宝、布帛、食盐等商品和马、牛、羊、牦牛尾、酥油、皮张、畜肉，以及农具等。在对外战争中，“将绵羊的生肉腿堆积起来，然后攀登其上，佳地至城遂被攻陷”。可见雅隆地区畜群之大、牲畜数量之多。这种强大的经济是宗教发展的重要条件。《论西藏政教合一制度》写道：恰苯“这种宗教每年秋天要将一千只公鹿一起杀死，取鹿血献祭，冬天要将牦牛、绵羊、山羊等公畜各三千头杀死，献祭本教神祇，将牦牛、绵羊等母畜各一千头活活肢解，以血肉献祭。春天要举行名叫‘肢解无角母鹿’的祭祀，将四只无角母鹿四蹄折断，以血肉献祭。夏天要举行‘苯教祖师祭’，以各种树木和粮食‘煨桑’祭祀。在人有病痛时要施舍赎命，视各人的经济情况从最多杀公畜母畜各三千到最少杀公畜母畜各一头献祭神祇，人死以后为了制伏鬼魂也要像上述那样杀牲祭祀。此外还有祈福、送鬼、赎替、卜算、圆光占卜、预测生死等仪式内容”。[①] 从宗教祭祀活动中可以体现畜牧业的发展水平，农牧经济支撑着苯教的祭祀活动。

任何一种文化的产生、发展和传播都要以经济为基础，“任何宗教都需要一定的经济来源支撑其宗教活动，而经济来源的拓展更是宗教发展的重要条件”。[②] 佛教在藏族地区的发展也说明了这一点。就吐蕃佛教说，囊日松赞和松赞干布父子时期实行开放政策，积极与周边国家和地区开展联系，引进优秀文化，政治、经济的进一步发展变化，使佛教从不同的渠道或方向传入吐蕃。赤德祖赞和赤松德赞父子时期，是吐蕃处于发展的鼎盛，由于有赤德祖赞所实行的大刀阔斧的改革，社会稳定，经济发展迅速，物质基础丰厚，才有了赤松德赞修建桑耶寺，成立僧伽组织，并实行“三户养僧制”，使佛教扎根于吐蕃。赤德松赞和赤祖德赞父子时期，是佛教发展的第三个阶段，委任僧人为大

---

① 东嘎洛桑赤列著，陈庆英译“论西藏政教合一制度”，《西藏民族学院学报》，1981年第4期。

② 孔雄著《圣俗之间》，哈尔滨：黑龙江人民出版社，2006年，第96～97页。

相，实行“七户养僧制”。同时赏赐建寺信佛的大臣，拨给土地和牧场。从史料发现，吐蕃时期的主要佛教寺院基本上是他们几位赞普执政时期修建的，如大小昭寺、昌珠寺、桑耶寺、噶琼寺等，寺院本身就是一种经济属性，它的建造要借助于一定的物质手段，如果没有经济基础和最起码的经费怎能建设宗教活动场所、维护寺院生存？

在藏区，寺院实体的发展，其规模和数量与经济发展有着非常密切的联系。藏传佛教形成后，又出现了几次大的发展高潮，每次高潮的出现都是有一定的经济来源作支撑。第一个阶段在11～13世纪期间，奴隶制社会向封建农奴制社会的过渡基本完成，新兴的农牧业和手工业得到迅速发展，商品意识增强，庄园制形成，藏汉之间的茶马贸易加强，封建贵族和佛教高僧结成“供施”关系，建寺的规模、数量、豪华程度等方面远远超过了吐蕃时期，寺院不再是单纯的宗教活动场所，而是封建统治阶级的经济支柱，是一个经济实体。

宗喀巴在藏学经时期，是由阐化王扎巴坚参统治帕竹地方政权时期，西藏地方经济稳定发展，属民百姓赋税负担减轻，生活明显好转，因此投入佛事活动和建寺的经费不断增加，格鲁派的哲蚌寺、色拉寺、甘丹寺、扎什伦布寺、强巴林寺、上下密院和萨迦派的俄尔艾旺寺、江孜的白居寺以及其他许多寺院都是在这一黄金时期建成的，规模空前，藏传佛教在这一时期处于发展的高峰。《西藏通史·松石宝串》说：“这期间（即阐化王扎巴坚参担任帕竹政权第悉时期）其他地区安定无事，群众生活有所改善，西藏的经济、文化、建设等方面都有了超过以往任何时期的发展。在这个时期前后，西藏各教派的学者如天空中的繁星层出不穷。从宗教上来说，格鲁派在这一时期创立和发展，并兴建了前后藏格鲁派的四大寺”。[①] 五世达赖时期建寺活动达到高潮，寺院经济得到了极大的充实，僧尼人数急剧增加，从中反映了经济与宗教的内在联系和两者之间的不可分割性。纵观藏族历史，经济的好坏对佛事活动的物质保障和对寺院发展的规模都有很大影响，当经济处于萧条时，宗教的发展就受到影响，如公元9世纪达磨赞普（朗达

---

① 恰白·次旦平措等著《西藏通史·松石宝串》上册，拉萨：西藏人民出版社，1991年，第473页。

玛)的“灭佛”除了其他社会因素外,经济的影响是最直接的。

经济推动宗教发展,支撑宗教活动,同时宗教的过速发展影响到社会经济的发展,发生反作用。但是,宗教对经济的反作用和影响以正反两个方面突出地表现出来,而且在不同时期和不同的社会条件下,所发生的作用和影响不完全相同。学术界在探讨中国宗教运动对经济产生的综合影响时,提到四点:一是增加建筑负担;二是寺院、高僧囤积财产、放高利贷,给百姓带来灾难;三是促进了商业和手工业的发展;四是供养是一种经常性的负担。

宗教给藏族的社会经济究竟带来了什么样的影响?早期的苯教在发展过程中,一方面促进了农牧业、手工业和商业,以及文化交流;另一方面它的杀牲献祭又给畜牧业的发展造成了严重损害。恰苯主张“血祭”,每年要宰杀许多牲畜和动物(如鹿、猕猴等)献祭,其仪式变得越来越残酷。这样不但给畜牧业发展带来压力,同时也带来了动力,刺激畜牧经济的增长。大规模的巫事活动的开展,使以生产宗教法器(如钹、鼓、香料、占卜用的东西等)为主的手工产品得到发展,同时加强了与外界的联系和交流。

在经济起推动作用的同时,苯教对农牧经济的反作用日益明显,造成的损害极其严重。随着传播面的扩大和祭祀活动的增加,大量的牲畜,特别是幼畜被宰杀用于各种宗教活动,使苯教对畜牧业发展的促进作用逐渐成为破坏畜牧业生产和动物发展的主要因素。《空行母益西措杰传》中记述了苯教在四季用鹿、母牛羊等血祭神灵的情况。赤松德赞执政初期,苯教徒集会举行向赞普敬礼仪式时说:我们苯教需要一只有很好鹿角的雄鹿,一只配有土耳其玉缰的母鹿,一千头公牦牛,一千头母牦牛、绵羊、山羊,以及八种酒,九种谷类。[①] 类似于苯教的祭祀活动在僜人中也存在,僜人崇拜鬼神,认为鬼同人一样是要吃肉的,所以要以杀生送鬼。一般送大鬼要杀牛,送中鬼杀猪,送小鬼杀鸡,以此来治病除难。张江华在《僜人的原始宗教及其社会影响》中

---

① 达夏多吉著《空行母益西措杰传》,成都:四川民族出版社,1989 年,第 139 页。

写道“杀牛送大鬼，耗费自然很大。就是送小鬼，杀鸡的数量也是很可观的。因物质生活水平低，营养不足，僜人的体质普遍较差。又缺医药，生病后请巫师杀鸡、猪送鬼的十分普遍，成为僜人的一个沉重负担。察隅县金布龙村僜人妇女布雷·格列瑞，1964 年儿子德根龙病了三个多月，请来巫师杀鸡九十三只、猪三头，结果病仍未治好，孩子成了聋子和哑巴。1965 年小儿子吉给斜病了两个多月，杀鸡八十四只，猪十头……”[①]这种因宗教信仰和迷信而进行的献祭神灵的活动，给家庭和社会都造成了极大的浪费，增加了经济负担，严重影响生产发展。

如果仅就藏传佛教寺院对社会经济所发生的影响来说，既有积极的也有消极的，究竟影响程度如何，难作衡量。从藏传佛教的发展史看出，吐蕃时期所实行的优待佛教的特殊政策，使僧侣人数在极短的时间内迅速增加，他们在生活上完全依附政府的资助给养，不纳税，不服役，不从事任何生产劳动，加重了全社会的负担。后弘期以后，地方势力和佛教高僧联合起来大肆修寺建庙，不断形成一个个寺院集团，控制或垄断当地的地方经济。格鲁派的出现使僧侣大增，寺院集团无论从数量上还是规模方面都超过了以前。而且格鲁派的教规把僧侣集团禁锢在寺庙内，不准从事生产劳动，靠他人而生活，寺院成为最庞大的消费集团。

清朝时期，中央政府组织对藏传佛教寺庙和僧侣人数做过几次统计，1649 年卫藏、藏北地区各派寺院 1807 座，僧尼 97528 人。1698 年，卫藏、阿里、塔布工布及康区有格鲁派寺院 452 座，其中尼寺 36 座，僧尼人数 33250 人，其中尼姑 1461 人。《格鲁派教法史——黄琉璃》记载，1733 年，达赖喇嘛系统寺院 3150 座，僧尼 342560 人；班禅系统寺院 327 座，僧尼 13670 人。四年后的 1737 年理藩院统计，达赖喇嘛系统寺院 1088 座，僧侣 97528 人，寺院属户 121438 户，607190 人；班禅系统寺院属户 6752 户，33760 人。如果再加上西藏地区其他教派的寺院及僧侣、其他藏区的寺庙、僧侣，几千座寺庙，几十万僧侣，基本

---

① 张江华著“僜人的原始宗教及其社会影响”，《西藏民族学院学报》，1985 年第 2 期。

上靠社会供养，一年的各种费用难以计算，如此庞大的开支转嫁在寺属户民的身上，物力、财力的耗费，无力扩大再生产。寺院越多，入寺的僧人就越多，社会劳动生产力也就越少。从另一方面看，寺院消费在一定程度上刺激某些方面的生产，从而促进经济发展。寺院凭借其所拥有的雄厚的势力和广泛的社会关系经商，激活了市场经济。但是，由于特殊的政治制度和社会环境，真正在市场和生产中受益者仍然是极少一部分人。

观念往往支配着人们的行为，宗教道德观也一样，不仅影响着人们的行为，同时也影响到经济行为。美国学者约翰·斯通指出：就“诚实、公正、守信用这些个人的和商业的美德而论，它们在经济生活中是至关重要的，而在宗教能成功地把这些美德观输给自己的信徒的范围内，宗教便对经济产生了影响”。[①] 藏传佛教所倡导的出世、清苦、禁欲等使人们采取与世无争的态度，缺乏进取精神，对物质生产和社会经济发展产生消极作用。

---

① 约翰·斯通著《社会中的宗教》，成都：四川人民出版社 1991 年版，第 199 页。

第七章　藏传佛教与社会主义社会相适应

一、解放以来藏族宗教发展的基本趋势

(一)基本状况

进入近代,藏传佛教基本上形成了格鲁派一统天下的格局,其他各派虽然拥有独立的宗教活动和寺院经济,但是政治上受以格鲁派为中心的噶厦政府的领导。由于特殊的地理环境,文化传统和社会制度,以及其他诸多因素,自13世纪萨迦地方政权建立以来,西藏逐渐实行"政教合一"的政治制度,"宗教不再是单一的思想信仰问题,而是同封建领主专政结成一体",寺院在三大领主中享有特殊的权利和地位。寺院领主的各种徭役与世俗领主一样越加越多,导致农牧民贫困加剧。为了完成各种摊派,解决吃饭问题,又不负担繁重的徭役,出家为僧的人逐年增多,寺院成为大多数贫苦农牧民追求物质,关心身体,躲避徭赋租的地方或避难所。

一般僧尼人数的多少,是衡量佛教盛衰的重要标志之一,但是僧尼人数增加,寺院扩张并不说明僧尼素质就高,办教质量提高了。相反,由于管理跟不上,寺多而混乱,僧多而涣散,尤其在近代西藏佛教界这种情况非常明显。我们不妨回顾一下藏传佛教发展的历程,7世纪佛教正式传入以来,僧侣人数从最初的"七觉士"到300多人,经历了13世纪的一个高潮,迄17、18世纪随着噶厦政府组织的建立和三大领主的出现,僧尼人数又达高潮,每一次高潮都或多或少带来一些弊端,出现一些矛盾纠纷。《论西藏政教合一制度》总结说:"在政教合一制度下,一些从事宗教活动的寺院的戒律也起了变化,即具有庄园和属民的寺院,形成了政教二法之主,一套以宗教自身的戒律为准则的处罚制度,成为历史文献徒具空名的空文,实际上实行的是封建衙

门的一套完整的惩办制度。对僧人不是按照教规进行处罚，而是以政府的法律进行惩办”。[1] 寺院从1694年到1733年的四十年间新增1777座，达到3477座，新增僧尼22万多。其中不包括格鲁派之外其他教派的寺院。据光绪八年(1882年)统计，当时仅格鲁派的大型寺院就有1026座，僧尼人数49万多。1958年的不完全统计，民主改革以前西藏有寺院2716座，僧尼人数11万多，各派活佛共1616人。1958年以后，由于发生叛乱和政治上的“左”的指导思想滋长，给佛教造成极大损害。特别是“文革”期间，国家和人民遭受到巨大的劫难，宗教界也受到严重冲击。

十一届三中全会以后，我们党进行拨乱反正。1979年9月，中共中央批转的全国统战工作会议文件《新的历史时期统一战线的方针任务》，就宗教问题强调：“宗教信仰自由政策，是我们党正确处理群众宗教信仰的一项根本政策”。1982年出台了19号文件《关于我国社会主义时期宗教问题的基本观点和基本政策》，指出：“宗教信仰自由政策的实质，就是要使宗教信仰成为公民个人自由选择的问题，成为公民个人的私事。社会主义的国家政权当然绝不能被用来推行某种宗教，也绝不能用来禁止某种宗教，只要它是正常的宗教信仰和宗教活动”。从此，恢复了宗教信仰自由政策，恢复维修了过去被毁的部分寺院，长期被压抑的宗教感情一下子大开放，以政府拨款为主，信教群众集资为辅开展的恢复增修寺院的活动在1980年至1987年之间达到高潮，在一段时间内宗教信仰几乎达到狂热，不少正在上学的孩子被父母送进寺院削发为僧。

就西藏的宗教现状来说，据1990年的不完全统计，全区宗教活动场所从民主改革以后的550多座猛增到1300多个，僧尼从6900多人增加到42000多人，占当年全区总人口218万的1.94%。1993年统计，在三年前的基础上宗教活动场所增加了300多个，僧尼保持在1990年的人数。次年，宗教活动场所又增加了100多个（指经政府批

---

① 东嘎洛桑赤列著，唐景福译《论西藏政教合一制度》，兰州：甘肃民族出版社，1984年，第67页。

准开放的)达到1743个，其中包括寺院、拉康、日超等。僧尼人数增加了500多人，达到46380人，占当年全区总人口228万的2%。1996年统计，全区寺庙总数达到1787个，“狂热”趋于平缓。

以教派分析，格鲁派寺院居多，分布最为广泛，在拉萨地区以哲蚌、色拉、甘丹等几所大寺院为主，在日喀则和昌都地区也有较强的势力。仅次于格鲁派处于第二位的是噶举派，寺院主要分布在拉萨和昌都两个地区，拉萨以楚布寺和直贡寺为主，昌都地区则以小而多为特点。萨迦派寺院主要分布在日喀则和山南。宁玛派的寺院规模相对较小，主要分布在山南，以敏珠林和多杰扎寺为最。据1932年的一次统计，在寺僧尼人数500人以上的寺院中，格鲁派占19座，噶举派占3座，萨迦派占1座；在百人以上，500人以下的寺院中，格鲁派占21座，噶举派占9座，宁玛派占3座。这种以格鲁派寺院居多，其他宗派寺院稀少的状况一直保持到现在。

以地区分布情况来看，历史上昌都一直是宗教比较发达的地区，寺院多，僧侣多，活佛多。上世纪50年代，这一地区有寺院576座，僧尼36546人。同全区其他地区相比，1959年至“文革”期间，昌都地区被毁坏的寺院相对较少。1990年统计，昌都地区寺院(包括宗教活动点)有491个，僧尼26724人；1993年寺庙增加到539个，僧尼人数有所下降(因为短期住寺僧尼和社会流动僧尼较多)，寺院的多少和僧尼人数基本上成正比。

现阶段，拉萨地区的宗教发展在西藏各地市中继昌都之后位居第二，1990年统计的寺院(包括活动点)有115个，僧尼3400多人，1994年8月分别增至248个和9189人，目前宗教活动场所有260多处，主要是格鲁派和噶举派寺院。拉萨是西藏的政治、经济、文化中心，人口稠密，经济状况好于其他地区，再加上有大小昭寺、三大寺和楚布、直贡、热振等大寺院，吸引不少其他地区的人来这里出家为僧。

山南曾是吐蕃王朝的发源地和西藏第一座寺院桑耶寺所在地。民主改革前这一地区有582座寺院，僧尼13500人，现有宗教活动场所250多处，分属格鲁派、萨迦派、噶举派、宁玛派等，僧尼2091人，基本上能满足信教群众的需要。

那曲为西藏的牧业地区，地广人稀，文化相对落后，但宗教信仰比较盛行，西藏的大部分苯教寺庙就集中在这一地区，据 1932 年调查，500 人以上的苯教寺庙就有好几座。目前全地区有宗教活动场所 234 处，包括寺院、苯教庙宇、拉康、日超、仓康(小修行房)和帐篷寺等，僧尼人数占全地区总人口的 2%以下，处于继昌都、拉萨之后的第三位。

日喀则地区曾以萨迦派势力为最大，15 世纪以后随着格鲁派势力的介入，形成了以扎什伦布寺为中心的寺院集团，噶举派虽然也盛兴过，却未能坚持多久。据《萨迦县文物志》统计，1959 年仅萨迦县有寺庙 67 座，其中属萨迦派 25 座，属格鲁派 11 座，属宁玛派 22 座，噶举派寺院 4 座，全地区现有宗教活动场所 312 个，以格鲁派和宁玛派居多，僧尼人数达到 4300 多人。

阿里和林芝是目前西藏宗教发展最缓慢的两个地区，现有宗教活动场所分别为 75 处和 97 处，僧尼人数共 1000 多人。但这两个地区以转山转湖为主的民间宗教信仰比较盛行。

从全区情况分析，现有的 928 个乡镇，平均每个乡镇有宗教活动场所 1.83 个(处)，最多达到 6 处。僧尼的年龄结构，年轻僧尼所占比重较大，大中型寺院中年轻僧尼占总数的 60%以上，小型寺庙中占到 90%左右。

四川藏区为全国第二大藏区，有阿坝、甘孜两个自治州和木里自治县，历史上这一地区宗教十分盛兴，寺庙多，僧尼多，且有不少苯教寺庙。最盛时，佛苯寺庙上千座，距 20 世纪 50 年代统计，有藏传佛教寺庙 747 座，僧尼达到 9 万多人。现有寺庙 785 座，分属格鲁派、宁玛派、萨迦派、噶举派、觉囊派和苯教；僧尼 56000 多人，约占全省藏族总人口 120 万的 5%。寺院和僧尼人数，甘孜州均多于阿坝州。

青海是个多民族的省份，在 30 多个少数民族中，藏族、土族和蒙古族都信仰藏传佛教。据 1958 年统计，全省共有寺院 691 座，僧尼 53856 人，比之前有所减少(之前寺院 722 座，僧尼 57647 人)，派系齐全。“1958 年后，全省共保留藏传佛教寺院 11 座。1962 年西北民族工作会议后，开放 137 座。‘文革’期间，除塔尔寺和瞿坛寺外，余皆关闭，多数拆毁”。[1] 1979年随着宗教政策的恢复，在一段时间内各地掀起建修寺院的高潮，近十年内恢复新修寺庙达到627处（包括宗教活动点），僧尼人数猛增。到1996年调查时，有藏传佛教和苯教寺庙共666座，僧尼24000（又24478）多人，大多数寺、僧集中在南部三州（玉树、果洛、黄南三个藏族自治州）。从此逐渐趋于平稳，甚至个别地方在建寺出家狂热之后出现还俗现象，寺院失空，僧人减少明显。青海现有寺院（包括苯教寺庙和宗教活动点）603座，僧尼24000多人。

藏传佛教在甘肃有悠久的传播历史，而且早期的流传区域较广，后来集中在甘南藏族自治州和天祝县等地，曾有过不少规模较大的寺院。20世纪50年代末，由于受诸多因素的影响，全省100多座寺庙中保留开放的只有8座，其余关闭。1962年部分寺庙得到恢复，但随后又遭到破坏。落实宗教政策以来，由信教群众捐资新建维修恢复了不少寺庙，据1986年统计由政府批准开放的寺院达到108座。2002年，各种宗教活动场所增加到270多处，僧尼16000多人，基本上满足了信教群众的需要。

云南信仰藏传佛教的民族比其他藏区多，有藏族、纳西族、普米族、怒族、傈僳族和摩梭人等，但信教人数少于其他藏区，而且宗教活动点不多，最大的寺院是格鲁派的松赞林（归化寺）。1958年前后，有格鲁派、噶举派、宁玛派、萨迦派僧人5000多人。“文革”期间寺庙破坏严重，未遭毁坏的寺庙也改作他用，寺庙法器大量丢失。1988年，全国藏区适值宗教狂热，云南经政府批准开放的藏传佛教寺庙21座，分别属于格鲁派、噶举派和宁玛派。到90年代中期，在原来（21处）的基础上增加了16座，达到37座，僧尼人数1565人。

（二）宗教政策的落实情况

首先就西藏和平解放前后的宗教政策来说，由于特殊的地理环境、文化传统和社会体制，民主改革前，西藏一直实行“政教合一”的政

[1] 蒲文成编著《甘青藏传佛教寺院》，西宁：青海人民出版社，1996年，第4页。

治制度。寺院作为三大领主之一不仅掌握着司法大权，可以任意对农奴施行各种酷刑，而且有权参与政治大事的决策。鉴于西藏的特殊性和宗教问题的复杂性，中央采取不加干涉，信教自由的方针，允许僧尼进行正常或正当的宗教活动，谨慎对待比较突出的宗教问题，从宽对待寺庙和上层僧人的财产，允许实行现行“政教合一”制度和社会体制，采取耐心等待的态度，和宗教界的代表人物反复协商，进行教育，争取用和平的方式，实行改革。

我们党在宗教问题上的基本原则是政教分离，信仰自由。毛泽东同志曾指出：“共产党对宗教采取保护政策，对信仰宗教和不信仰宗教的人，以及信这种宗教和信别种宗教的人一律保护，并尊重他们的信仰；对宗教今天保护，将来仍然保护”。而且强调宗教信仰自由政策是一项长期要实行的政策。基于这项政策，为了尊重广大僧侣的宗教感情，处理好民族和宗教的关系问题，1950 年 2 月 25 日，中央即批复西南局同意，派佛教界志清法师（密悟法师）入藏宣传党的民族宗教政策，劝说西藏当局和中央政府进行和平谈判。5 月 30 日，由青海省上层高僧组成寺庙劝和团赴藏劝说，行至那曲受到阻拦。1950 年 7 月 10 日，中央人民政府同意，派四川甘孜白利寺第五世活佛格达（洛桑丹增扎巴塔耶 1903～1950）进藏进行规劝。他一路上向僧俗群众宣传党的政策，并列举事实证明人民政府和共产党的宗教信仰自由政策，在昌都受到阻拦后，于是年 8 月 22 日遇害。

为了使工作顺利进行，中央在对待西藏的民族问题和宗教问题上慎之又慎，要求进藏部队忠实地执行党的民族宗教政策，尊重西藏人民的宗教信仰自由和风俗习惯，正确对待上层僧侣，争取采取和平解放西藏的方针。在分析了西藏现状后，中央承认西藏现行的政治制度、宗教制度和达赖喇嘛的地位。在拟定和谈条件时，将宗教信仰自由政策贯穿其中。人民解放军入藏前，西南军政委员会和西南军区联合发出布告，宣布入藏部队为保障西藏人民的信仰自由，必须切实保护各地寺庙。“未经寺庙主持人许可，不得在寺庙驻军。不得损毁寺庙内之一切建筑、佛典、佛像、法器等。不得干涉僧众举行宗教仪式。若有违犯，严加惩处”。解放军进入西藏后，坚持党的宗教政策，不干涉宗教活动，不住寺庙，受到僧俗群众的普遍称赞。不久，解放军又颁布《进军守则》，再次声明党的民族宗教政策，规定凡是参观寺庙者，必须事先接洽；“参观时不得随意摸弄佛像，不得吐痰，放屁；不得在寺庙附近捕鱼、打猎、打鹰、宰杀牲畜；如有喇嘛要求参军，概不收留，并劝说返回寺庙；不得在群众中宣传反迷信或对宗教不满言论”。1951 年 3 月签订的《中央人民政府和西藏地方政府关于和平解放西藏办法的协议》（简称《十七条协议》）中涉及宗教方面的内容较多。其中第七条规定：实行中国人民政治协商会议共同纲领规定的宗教信仰自由政策，尊重西藏人民的宗教信仰和风俗习惯，保护喇嘛寺庙。寺庙的收入，中央不予变更。为了更好地贯彻执行协议，在“政教合一”的政治制度不变的情况下，中央代表和进藏先遣支队进驻拉萨积极开展宗教工作，先后拜访了宗教界上层人士和哲蚌、色拉、甘丹、大小昭寺、上下密院和四大林，积极宣传党的宗教信仰自由政策，并发放布施，稳定僧俗民心。1952 年至 1957 年之间，西藏先后组织十三批致敬团、参观团和观礼团赴内地各大城市参观，在参加的 1000 多名各界人士中，宗教界人士就占了三分之一。1953 年 4 月，组成以格鲁派、宁玛派、噶举派、萨迦派和苯教的高僧参加的西藏佛教代表团赴京出席中国佛教协会成立大会，代表团团长功德林·晋美吉村被选为中国佛协副会长，其他代表分别被选为常务理事和理事等。

1952 年 5 月，西藏工委在哲蚌、色拉、甘丹三大格鲁派寺院开展工作，专门邀请青海塔尔寺总法台察汗呼图克图来藏介绍党的宗教政策及其在青海的执行情况，效果明显。工委在分析了当时西藏佛教界的特殊情况后，拟定出了初步工作计划报请中央批示。针对宗教情况，中央指示：“必须充分认识到佛教在西藏民族的悠久历史，及其深入人民的传统影响，以及达赖、班禅在各阶层中享有很高的宗教信仰。同时充分认识到宗教问题的长期性，国际关系，从而在西藏地区怎样对待佛教问题在政治上的重要意义”。这一期间，中央在对待西藏问题上把着眼点放在宗教方面，充分利用宗教上层人士的影响和声望以团结大多数僧人和信教群众来稳定局势。工作中，采取极其谨慎的态度，保护宗教活动，贯彻宗教信仰自由政策。1954 年 12 月，西藏工委在保留原来的一些条款外，做出了更加有利于宗教保护的规定："在目前，主要宣传保护宗教信仰自由，不宜宣传改革宗教自由或不信教自由。任何对宗教感情有直接刺激性的语言、文词，都需绝对避免"。针对宗教活动规定："不得干涉和取笑任何宗教活动。被邀参加带有宗教形式的活动场合时，必须严肃，不得嘻笑取闹；遇有必要参加宗教活动(如朝佛)，或参观寺庙时，应尊重宗教习俗"；"对喇嘛教徒不得侮辱取笑，遇其念经作法时不得干扰。不得和喇嘛教徒举行科学与迷信的辩论"。对于宗教设施规定："对经幡、经文、转经筒、嘛呢堆等宗教设施，无论在城市，乡村或山野，均不得损毁涂污，如修公路必须搬移的，可商得当地寺庙或头人同意，根据藏族人民风俗念经搬移"。在对待和解决教派矛盾方面也有明确规定："西藏教派复杂，互相间均有矛盾，遇有教派间纠纷需要调解时，应本着团结和互相尊重信仰的原则加以调解，以协商的方法，说服双方互让，求得合理解决，必要应报工委，请示方针"。这些规定充分考虑到西藏的实际情况和藏族的风俗习惯。

1956 年 4 月，成立了西藏自治区筹备委员会，达赖和班禅分别担任正副主任委员。在全部 51 名委员中，宗教界人士就占了 21 位，23 名常委中，僧人有 12 位。另外一批宗教界人士也被安排在其他各部门，充分发挥他们的作用。为了更好地开展寺庙统战联络工作，设立宗教事务委员会，由宗教上层人士担任正副委员。同年 10 月，成立了中国佛教协会西藏分会，鉴于西藏教派多的特点，由格鲁派、噶举派、萨迦派、宁玛派和苯教的著名活佛或堪布担任正副会长。分会(或协会)的成立，协调了各教派之间的相互关系，同时促进了宗教信仰自由政策的贯彻执行，增强了僧侣的社会责任感，提高了协助政府处理事物的能力。

为了提高广大僧侣的综合素质和参与建设西藏的能力，针对僧人自身的特点，政府也在探索新的方式方法，在拉萨中学设喇嘛学经班，结果遭到拉萨三大寺僧人的反对，拒绝派僧人参加。来自日喀则和山南的学员中途退学多人，结束时只剩下 12 人。第二年，喇嘛学经班停办，统战部又资助银洋 5000 元，宗教界自筹 3000 元，在拉萨开设"江阳医学院”和喇嘛针灸班，共招50名僧人，成效甚微。1959年3月的武装叛乱，破坏了原有的宗教政策，中央针对情况变化，开始了对西藏现行政治体制和宗教体制的改革，使政教分离。

1951年，中央人民政府和西藏地方政府共同签订的和平解决西藏办法的《十七条协议》中明确规定，中央对实行西藏的各项改革不采取强迫的手段，由西藏地方政府自行改革。中央对西藏宗教采取保护政策，允许暂时维持“政教合一”的政治制度，从宽对待寺庙上层的财产和原有的政治地位、经济剥削，维持现状。但是改革终究要实行，究竟采取什么样的方式改革则由宗教上层人士和人民群众协定，等待时机成熟。1957年2月，毛泽东在最高国务会议上所作的《关于正确处理人民内部矛盾的问题》明确谈到：西藏的民主改革何时实行，“要待西藏大多数人民群众和领袖人物认为可行的时候，才能做出决定，不能性急。现在已决定在第二个五年计划期间不进行改革。在第三个五年计划期间是否进行改革，要到那时看情况才能决定”。在叛乱发生的次月，即1959年4月，毛泽东在最高国务会议第十六次会议上针对藏传佛教讲话指出：“你们的佛教，就是喇嘛教，我是不信的，我赞成你们信。但是，有些规矩可不可以稍微改一下子？你们一百二十万人里头，有八万喇嘛，这八万喇嘛是不生产的，一不生产物质，二不生产人口。……这是不是可以改一改呢？同时，喇嘛从事生产，搞农业，搞工业，这样可以维持长久”。武装叛乱使西藏的民主改革提前了，中央采取了“边平叛，边改革”的方针，区别对待参与叛乱与未参与叛乱，继续保持宗教信仰自由政策，尊重西藏人民的宗教信仰，严惩参与叛乱者。

1959年3月30日，西藏工委、西藏军区联合组成的三个工作队分别进驻哲蚌、色拉和甘丹寺清查，查处参加叛乱的僧人共8660人，其中71.5%的人外逃。7月，帕巴拉活佛在西藏自治区筹委会第二次全体委员会上讲话，要求废除寺院的一切封建特权和宗教剥削制度。工作队改变以往的做法，发动群众，组成以贫苦僧人为骨干的寺庙管理委员会，抓住时机在寺庙中开展反叛乱、反特权和反剥削的“三反”运动。改革的总要求是，坚持宗教信仰自由政策，保护爱国守法的寺庙和宗教界人士，彻底肃清寺庙的叛乱，彻底废除寺庙的封建特权和剥削制度，建立寺庙民主管理制度，保护文物古迹。

1959年9月2日，西藏工委经中央批准做出了《中共西藏工委关于三大寺若干问题的处理意见》，宣布寺庙改革的基本政策之一是应该废除的十条。

第一条：彻底摧毁一切叛乱组织和反革命组织；彻底肃清寺院的叛乱分子和反革命分子。

第二条：坚决废除寺庙的各种封建特权，包括寺庙委派官员、管理市政；私设法庭、监牢、刑罚和私藏武器；没收群众财产，流放人民；干涉诉讼，干涉婚姻自由和干涉文化教育卫生事业等。

第三条：废除寺庙放给农奴和贫苦喇嘛的所有高利贷债权。

第四条：依法没收三个寺（哲蚌、色拉、甘丹）所占有的牧场、庄园及一切生产资料（包括牛羊、土地、房屋、农具、耕畜等）。

第五条：废除寺庙向群众派乌拉，派差役，对群众进行人身奴役的封建特权制度。

第六条：不准寺庙向群众敲诈勒索财物和摊派；取缔其非法工商业和强买强卖；严禁其投机倒把和走私漏税行为。

第七条：废除寺庙向宗、豁、部落摊派群众当喇嘛的制度，禁止寺庙强迫群众当喇嘛。

第八条：废除寺庙内的封建统治和封建等级制度；废除寺庙内的打罚制度。

第九条：废除寺庙间的封建统治隶属关系。

第十条：废除寺庙利用宗教节日行使的一切封建特权，包括接管市政，对人民横征暴敛，巧取索夺，没收人民财产，强奸妇女，残害人民等。

同时，宣布了应该加以保护和不干涉的十条：贯彻执行宗教信仰自由政策，保护爱国守法的喇嘛寺庙；保护喇嘛的政教权利；保护文物古迹；保护寺庙建筑、佛经、宗教用具和陈设品；保护喇嘛有生产劳动和参加政治学习的权利；保护群众自愿当喇嘛和喇嘛自愿还俗的自由；保护寺庙的正当商业、运输业和手工业；不干涉群众自愿给寺庙放布施；不干涉正常的宗教活动，宗教活动不得妨碍生产建设和违反国家的政策、法令；不干涉寺庙学经、辩经和确定宗教职务的考试制度。虽然“双十条”是针对三大寺规定的，实际上涉及西藏的每个寺庙。

民主改革使政教分离，消除了封建特权，寺庙领主由过去的剥削者成为自食其力者；教派之间，僧人之间是一种平等关系，寺院变成了名符其实的宗教活动场所，宗教信仰逐渐成为信徒个人的私事。但是，改革过于扩大化，造成了一些负面影响，毁寺、砸佛像、焚烧经书、破坏文物的情况十分严重，在某种程度上刺伤了僧俗群众的宗教感情。已故班禅大师曾就这方面多次发表讲话。原中共中央统战部长李维汉曾这样总结民主改革中的西藏佛教时说：“1958 年以来，宗教工作上一项重大的事情，就是废除了宗教中的封建压迫剥削制度。这项工作，一般说，是民主改革的一部分，是应该做的，而且是贯彻宗教信仰自由政策所必需的。但是，在废除压迫剥削制度的过程中，也带来了一些缺点和错误，就是在某些方面，忽视了宗教信仰自由政策，干涉和限制群众的正常宗教活动，寺庙留得太少，喇嘛也留得太少，……这些做法上层不满意，群众也是不满意的”。① 民主改革确实使一大批寺院被毁坏，许多僧尼被遣送回家从事农牧业生产，一些保留的寺院也没有人看守，任其朽垮。

民主改革后不久，由于受极“左”思想的干扰，党的宗教信仰自由政策遭到破坏，把宗教看成是人民的鸦片，号召全国同宗教作斗争；宗教组织和宗教界人士的活动受到限制，传统的宗教活动中断，大批宗教爱国人士受到迫害。民主改革时保留下来的寺院(其中包括国家重点文物保护单位)被破坏，或占用、关闭，寺藏文物失散极为严重。

1978 年 7 月，中央统战部召开了有部分省、自治区、直辖市统战部门负责人参加的座谈会，提出要认真全面地贯彻执行宗教信仰自由政策，尊重信教群众的正当宗教生活，开放少量寺庙，加强对宗教活动的管理。第二年，邓小平就宗教问题发表讲话。1980 年 8 月 26 日，邓小平在同十世班禅谈到西藏发展时指出：“对于宗教，不能用行政命令办法，但宗教方面也不能搞狂热，否则同社会主义，同人民的利益相违

---

① 《统一战线问题与民族问题》，北京：人民出版社，1981 年，第 602 页。

背”。1982年，中央制定实施《关于我国社会主义时期宗教问题的基本观点和基本政策》(即19号文件)，系统总结了建国以来党在宗教问题的正反两方面的历史经验，“科学地阐明了党对待社会主义时期宗教问题的基本观点和基本政策”。提出了宗教是一种社会历史现象，由于各种原因，宗教在社会主义条件下将长期存在，而且宗教问题上的矛盾不是敌我矛盾而是属于人民内部矛盾，作为宗教组织要进一步坚持独立自主、自办教会的原则，反对境外宗教团体和个人干预我国宗教事务。《文件》指出：“尊重和保护宗教信仰自由，是党对宗教的基本政策。这是一项长期政策，是一直要贯彻执行到将来宗教自然消亡的时候为止的政策”。西藏自治区党委和人民政府根据文件精神，总结了以前的工作经验，出台了《西藏自治区宗教事务管理暂行办法》，认真落实党的宗教政策，清退了“文革”中查抄的寺院财物5万余件，铜佛、宗教法器等300多吨，补偿财物款4500多万元，恢复了“文革”中一批受冤高僧的名誉，600多名各教派的爱国人士和代表人物，被选派在各级人大、政府、政协、佛协中工作。为了更好地开展宗教政策的宣传工作和处理各种宗教事务，加强对宗教的管理，恢复了自治区宗教事务局和佛协西藏分会，并在各地市建立佛教协会。1983年开办了西藏佛学院，部分大寺院办佛学班和学经班；恢复了停办多年的祈愿大法会，为宗教人员提供了辩经和考取格西学位的机会。1984年和1990年，自治区政府先后资助100万元开办拉萨印经院，刻印《甘珠尔》和《丹珠尔》等。

自1980年以后，“文革”中受到迫害和遣送还俗的一部分年老僧人陆续回到寺院，要求出家者也逐年增加，致使1985年至1987年间，包括西藏在内的广大藏区的宗教信仰达到狂热程度，在很短时间内恢复批准开放的寺院有千余座，另外还有一批自行开放的寺庙，僧尼达到数万人，几乎出现了失控现象。1986年，根据广大僧俗群众的愿望，先后恢复了中断20年的拉萨大祈愿法会、扎什伦布寺瞻佛节、甘丹寺绣佛重展节、桑耶寺多德节等各种宗教节日和按照宗教仪轨与历史定制寻找活佛转世灵童的做法，受到了广大僧俗群众的称赞。1988年起，自治区宗教管理部门在不违背党的宗教信仰自由政策的前提下，对宗教队伍进行适当控制，制定了《西藏宗教寺庙民主管理章程》。次年，自治区党委和人民政府联合下发了十九号文件，实行分级管理全区的宗教活动场所，层层落实，责任到人，并加强了对寺庙民管会的领导，把宗教活动逐步纳入法律、法规和政策范围，越来越多的寺庙加强了内部管理，自觉开展以寺养寺活动，取得了明显成效。

在落实党的民族宗教政策的过程中，中央和自治区前后拨出巨款维修了大批宗教活动场所。十一届三中全会之前，投资修缮了被列为国家重点文物保护单位的布达拉宫、大昭寺、白居寺和扎什伦布寺等。1961 年，花了 3 个月的时间对布达拉宫年久失修将要倒塌的 15 处地方进行修补，重新为壁画上色，粉刷了全部围墙，并修缮了五世达赖喇嘛灵塔；整理装帧了 1600 多部散乱经书。从 1962 年开始，自治区人民政府拨款 11 万元，历时两年再次维修布达拉宫。1963 年，维修了甘丹寺、色拉寺、哲蚌寺和大昭寺等。1972 年，国家再次拨专款 70 多万元维修大昭寺。次年，在周恩来总理的关心下，政府再拨 300 万元抢修大昭寺佛殿北侧，对一些古老下沉的梁柱加以抬升和恢复原位，更换了一批柱子，涂饰陈旧佛像、壁画，1975 年维修工程全部结束。1977 年，国家拨专款维修白居寺。1979 年，国家拨款 70 多万元用于维修扎什伦布寺，对四世班禅洛桑确杰坚参灵塔和奇米拉康的 100 多尊大小佛像进行整修、涂金，并修缮了 5 个金顶和 20 多个大小经堂，描绘壁画 1000 多幅。1980 年，中央拨专款 620 多万元，黄金 217.7 斤，白银 2000 多公斤，修复了五至九世班禅合葬灵塔。1983 年，国务院和西藏自治区政府筹措 150 多种物资，维修扎什伦布寺的强巴佛殿（弥勒佛殿）。据不完全统计，1980～1983 年间，中央和西藏自治区政府共拨款 545 万元，修复各地寺庙。

1985 年，政府拨专款 600 多万元，黄金 200 多斤维修桑耶寺。以后又陆续拨款补修，全部工程于 1989 年完成。1985 年后加大了拨款力度，再次开展大规模的维修工程。1989 年 1 月 28 日，第十世班禅在扎什伦布寺圆寂，国务院作出“保护大师法体，修建灵塔祀殿，寻访转世灵童”的三项重大决定。次年，国家拨出专款 6406 万元，黄金 614 公斤，白银 275.22 公斤，以及其他所需材料，修建灵塔。1990 年 9 月

20日奠基开工，经过3年的精心施工，1993年9月落成，取名为“释颂南捷”(尊胜三界)。大殿总建筑面积1933平方米，高35.25米，为钢筋水泥框架结构，用花岗岩石砌成。灵塔面积为253平方米，塔高11.55米，塔身全部用厚0.5～0.8毫米，电度为99.01的金皮包裹，镶嵌珠宝共6794颗，宝石袋868个。

布达拉宫的维修是建国以来古建筑维修方面的最大工程，国家从上世纪60年代起先后拨款维修，1984～1988年，国家文物局从本单位和北京、河南、四川等八省市文物单位抽调高级工程师及技术人员共4名，协调西藏文物专家一起对布达拉宫进行详细勘察，形成了维修的总体方案。1989年，中央拨专款3500万元(后追加2000万元)进行抢险维修，分四期进行，1994年全部工程竣工，维修总面积达3.39平方米，完成项目1111个，超过原计划的69.4‰。这次维修是布达拉宫重建以来规模最大，最为彻底的一次，充分体现了党的民族宗教政策在西藏的贯彻施行。

甘丹寺是格鲁派的祖庭，在上世纪60年代曾遭到非常严重的破坏，从1980年开始国家拨出专款进行维修，1992年又拨专款2000万元，1994年底全部维修工程完成。从2002年6月开始，中央财政安排3.33亿元，对布达拉宫、罗布林卡和萨迦寺三大国家重点文物保护单位进行维修。

其他藏区落实宗教政策的情况与西藏一样，按照中央政策制定了宗教管理条例，明确了一系列具体规定，恢复了佛教协会和宗教节日，兴办佛学院，维修宗教活动场所，引导开展“以寺养寺”活动，积极参与社会主义建设，使藏传佛教正常有序地发展。

(三)藏传佛教发展的新趋势

藏族所信奉的主要宗教在经过20世纪80年代后几年的狂热发展，由于受改革开放和市场经济的冲击，受宗教世俗化、外来文化的影响，以及信众观念的转变，90年代以来无论信仰的主体或宗教内部等各个方面都发生了变化，逐渐趋向平衡，并向世俗化发展。从近十年来的情况看，显现出以下几个方面的特点：

宗教内部的变化，第一，管理方式民主化。使藏传佛教寺院有一套严密的管理制度，其中以格鲁派寺院最为典型，拉萨三大寺（色拉、哲蚌、甘丹）实行三级管理，最高一级为"拉吉"或称"措钦"，由各扎仓堪布和卸任堪布组成寺院管理委员会，由其中年纪最高者充任堪布或赤巴，总理全寺事务。另外有一部分寺院（包括其他宗派寺院）由活佛直接管理，也有由活佛（一般为寺主活佛）委任的堪布总管全寺事务。这种管理缺乏民主，而且等级严重。解放以后，寺院普遍实行民主管理的办法，推选寺里德高望重、学识渊博者为民管会主任。20 世纪 80 年代以来，民管会成员趋向年轻化、知识化。1985 年 11 月，已故班禅大师提出了《关于扎什伦布寺进行社会主义条件下寺庙管理试点的建议要点》，其中提出民管会成员的条件为：一是既懂政治，又懂宗教，爱国守法，虔诚爱教；二是维护祖国统一和民族团结；三是能正确贯彻执行党的宗教政策和其他各项政策；四是对寺庙工作热心积极，有管理才能，办事公道，僧众信任。绝大多数寺庙的民管会成员接受过各级佛学院（包括中国藏语系高级佛学院）的培训，通佛学，懂管理，知识全面，能服众。

第二，教学内容和授教方式多元化。传统的寺院教育是以扎仓为中心展开的，佛法为主修内容，辅之以天文历算、医药医术、文学艺术、雕塑绘画、历史地理、建筑技术、语言文字等。具体的修学课程或教材，根据教派和寺庙情况而定。如格鲁派规定《释量论》、《中论》（《入中论》）、《现观庄严论》、《俱舍论》、《律经本论》为必修书。宁玛派和噶举派将重点放在修证方面，但也有规定的必修书籍，只不过没有格鲁派严格。授经方式基本以经院式的教学为主，限止在寺庙之内，师徒之间口耳相传。现代寺院教育除了学习佛教经典之外，尚学习世界历史、中国历史、现代科学知识、党的政策法规，甚至汉语文、数学、外语等。在西藏，统战部门不定期向僧尼宣讲《宗教事务条例》、《民族区域自治法》、西藏历史，进行反分裂教育和法制教育。走出传统授经学习方式的局限，采取寺内寺外相结合的学习方法，并且利用电视、广播、电脑等现代科技手段，传经授法，宣传党的民族宗教政策，使宗教的神化作用逐渐变小，趋向世俗化。

第三，僧人思想复杂化。现在僧人的角色比较复杂，有被称为宗教僧人、文化僧人、游方僧、经济僧人，也有政治僧人。大多数僧人（年龄在30岁左右）是在20世纪80年代，即恢复宗教信仰自由政策以后出家的，这一部分僧人年纪轻，思想活跃，接受知识和新鲜东西的能力比较强。由于受市场经济的冲击和寺院本身条件所限，以及其他原因，这部分僧人中还俗者逐年增加。在西藏，城镇中心的寺院编制满额，外面的僧人极欲进去，里面的僧人不愿离开。而偏远地区的寺院，尤其那些条件较差的寺院的僧人为了解决生活困难，还俗现象比较严重，甚至有些寺院因无僧而失空。从调查中知道，并非所有还俗僧人都是生活窘迫而离开寺院的，也有经受不住外界的诱惑而自动离寺出走的。

第四，价值观念开始发生变化。寺院是社会的细胞，社会的变化和经济的快速发展，寺院也要相应地发生变化。现代文明对寺院的渗透和影响，使僧人的观念随着世俗人观念的改变而改变，已经开始了由苦行向享乐转变，由禁欲向世俗化转变，由重来时向求今生转变，由轻出世向重入世转变，由完全依赖神佛向自食其力转变。这一系列转变是一个宗教世俗化的过程，也是一个从盲从向理性化的过程，显得十分正常。

第五，宗教节日或法会世俗化。传统的法会是以宣传佛法为目的，严禁非僧人参加。而现在的法会首先允许俗人参观，内容除了宣传佛法外，则有更多的经济、文化交流成分加入进来。大规模的法会也是解决寺院收入的一个重要渠道。

第六，僧人投资经商者日趋增多。改革开放带来的文化旅游热，使寺院的功能也发生了改变，位于城镇和交通便利地方的寺院的旅游功能尤其明显。如拉萨的三大寺、大小昭寺、后藏的扎什伦布寺、萨迦寺、山南的桑耶寺、青海的塔尔寺、甘肃的拉卜楞寺等都被商海包围，拉近了寺院与世俗社会的距离。因此，出现了僧人经商，寺院活佛投资办实业的新情况。这符合中央关于宗教组织“自己解决自己的问题”和“以寺养寺”的政策。

第七，朝佛布施者减少，影响了寺院的经济收入。由于独特的社会环境所决定，藏传佛教与藏族社会融为一体，因此，使绝大多数藏族民众信仰宗教。尤其在过去，几乎是全民信教的藏族地区，寺院维持正常的活动，需要信众自觉自愿的大量布施，通过这种做法以期实现愿望。市场经济和改革开放，不仅使寺院的功能发生变化，加速了宗教世俗化的进程，而且也改变了僧人的思想观念和信众的价值观念，信众把实现希望的寄托从宗教逐步转向社会，这样一来向寺院的布施日渐减少，甚至原来的一部分信教群众完全脱离与寺院的联系。寺庙因此通过"自养"等多种方式，开展增加收入的经济活动，把经济方面完全依靠外部向依靠自己转变。但是，有些处于偏僻地方的寺院在无法开展"自养"活动的情况下，一旦没有了群众的布施，就很难维持生活，这也是目前寺院发展方面存在的困难和需要解决的问题。

二、藏传佛教与社会主义社会相适应

"宗教在原始社会产生以后，便随着社会形态的变化而改变着自己的性质和形式。这种性质和形式的改变正是适应社会发展需要的结果。"[①]从藏族宗教的演变过程来看，无论是苯教还是藏传佛教都有过适应社会的改变过程。苯教从原始的自发的氏族宗教向具有人为因素和鲜明阶级性的雍仲苯教的转变，是随着西藏社会形态由原始社会向奴隶制社会的转变过程中进行的，变成了维护统治阶级的工具，其文化形态也逐渐发生变化。吐蕃王朝灭亡之后，在经过几百年分散割据的局面后，进入封建农奴制社会，苯教也在社会形态转变的过程中，以吸收佛教的思想理论来补充自己的不足，成为一个具有系统理论体系和组织庞大的独立宗教，其以功利为主的价值观念，逐步接受佛教修身利他的道德价值观。同样，佛教也努力使自己与西藏传统宗教和文化相适应，而成为具有藏族地方特色的宗教——藏传佛教。在后来的发展过程中，藏传佛教继续进行自我调适去适应社会，自觉地

① 龚学僧著《宗教问题概论》，成都：四川人民出版社，1999年，第312页。

去接近政治。

公元15世纪宗喀巴的宗教"改革"使佛教进一步适应了封建农奴制社会的发展,强化了为剥削阶级服务、教化民众的功能,形成了政教联合的统治制度。民主改革,使宗教与政治分离,恢复了以满足信徒宗教需要的本来面目。在社会主义时期,宗教即藏传佛教自身如何健康地发展,根本的要解决适应社会发展的问题,改革旧的不适应社会的陈规陋习,只有这样才会有继续存在和发展的出路。

社会主义制度建立以后,伴随着社会经济制度的改造和宗教制度的重大改革,特别是改革开放以来,随着市场经济体制的推进,藏传佛教的状况发生了根本性变化。如何处理社会主义与藏传佛教的关系,保持社会稳定和宗教领域的稳定,使它能更好地为经济建设服务,首先藏传佛教的广大僧侣要改变观念,解放思想,认清新形势,适应新形势,同时各级政府要做好思想工作,发挥好引导作用,引导他们与社会主义社会相适应。

宗教适应社会发展的变化而变化,是一条客观规律。那么,包括藏传佛教在内的宗教与社会主义社会相适应的内涵是什么?1999年3月江泽民在同全国政协民族宗教界委员座谈时说:"积极引导宗教与社会主义社会相适应,主要包括两方面的含义:一是信教群众要遵守社会主义国家的法律、法规和方针政策。法律保障宗教信仰自由,宗教必须在法律范围内活动;二是宗教活动要服从和服务于国家的最高利益和民族的整体利益,宗教界人士要爱国、进步,要为祖国统一、民族团结和社会主义发展多做贡献。我国宗教有爱国的好传统,要积极发扬光大。宗教界人士和宗教团体要运用自己的影响,引导信教群众爱国守法,抑恶扬善,服务社会。"2001年江泽民在全国宗教工作会议上对这一问题再次发表了重要讲话,概括为,"两个要求"和"两个支持",即"要求宗教界人士和信教群众热爱祖国,拥护社会主义制度,拥护共产党领导,遵守国家的法律、法规和方针政策;要求宗教界人士和信教群众从事的宗教活动要服从和服务于国家的最高利益和民族的整体利益。"党和政府要"支持宗教界人士和信教群众,努力对宗教教义作出符合社会进步要求的阐释;支持宗教界人士和信教群众与全国人民一道反对一切利用宗教进行危害社会主义祖国和人民利益的非法活动，为民族团结、社会发展和祖国统一多做贡献。”[1]宗教界要主动去适应社会，在法律、法规允许和政策范围内开展或进行活动。“要求”是针对宗教界人士讲的，而“支持”则是对党和政府而言，也就是党和政府的引导作用。

宗教与社会主义社会相适应，并不是改革宗教所有的一切，不要求宗教信徒放弃其宗教信仰，而是要求他们热爱祖国，拥护社会主义制度和共产党的领导，改革不适应社会主义的宗教制度，影响宗教自身发展、毒害信教群众的消极因素，发扬宗教教义、教规中的某些积极因素，尤其宗教道德中的积极因素来为社会主义服务。这是宗教自身的要求，也有利于宗教的进步与发展。

民主改革推翻了封建剥削压迫制度，藏传佛教寺院普遍实行民主管理制度，绝大多数宗教界人士成为爱国统一战线的重要部分。藏传佛教具有许多优良传统，如爱国爱教的传统、服务社会的传统、崇尚和谐的传统等。在长期的发展过程中，它通过不断的自我调整适应新的社会环境。在社会主义社会时期，为了自身的发展，在不改变基本信仰的前提下，藏传佛教必须探索相适应的途径。首先要热爱祖国，维护祖国统一，拥护共产党的领导，坚决跟分裂势力作斗争；遵守国家的法律、法规及各项方针政策，在法律范围内开展宗教活动，绝不能以宗教名义进行非法活动，也不能打着宗教旗号煽动群众搞分裂祖国的活动。

民主改革后，废除了寺庙放给农牧奴和贫苦僧尼的高利贷债权，取缔了寺庙的非法工商业和向群众摊派“僧差”的制度，寺庙拥有的土地、牧场、农奴、牲畜等被剥夺，使藏传佛教的生存基础彻底改变，寺庙由“寄生型”向“自立型”转变，在党和政府的关心支持和引导下，开展“以寺养寺”活动，取得了十分明显的效果。但是，在我国市场经济体制下，寺庙所开展的多种经济活动，必须遵守国家的经济政策，必须服从和服务于经济建设这个中心，不能以宗教的名义领取钱财，扰乱经

---

① 王作安《中国的宗教问题和宗教政策》，北京：宗教文化传版社，2002 年，第 145 页。

济秩序。

民主改革后，消除了一切封建特权，寺庙的管理方式发生了根本性变化，建立民主管理委员会，实行民主管理制度，民主管理委员会贯彻党的宗教信仰自由政策和政府的各项政策、法令，管理寺庙的行政、经济和宗教事务。民主管理委员会还要积极组织广大僧尼自觉地革新旧的影响社会稳定、毒害群众的礼仪；批判地继承宗教文化思想，取其精华，除其糟粕；弘扬佛教道德中的积极因素，规范言行，服务众生，利益社会。为了建立与社会主义社会相适应的宗教秩序，1996 年西藏开始对寺庙进行爱国主义教育，内容包括四个方面：进行维护祖国统一的教育，进行宗教必须与社会主义社会相适应的教育，进行社会主义民主与法制的教育，进行民族团结教育和民族、宗教政策教育。以维护祖国统一和反对分裂为主题，主要目标是解除达赖集团对寺庙的控制，加强寺庙领导班子，使寺庙的领导权真正掌握在爱国爱教、遵纪守法的僧尼手里；建立健全约束寺庙和僧尼行为的规章制度，使僧尼在法律范围内从事正常宗教活动，最终建立正常的宗教秩序；建立服从党的领导，维护祖国统一，反对分裂，拥护党的宗教政策，依照法律和宗教戒律管理寺庙的民管会，营造一个稳定的环境。

江泽民同志曾经指出“民族宗教无小事”，要全面、正确地贯彻执行党的宗教政策，依法加强对宗教事务的管理，积极引导宗教与社会主义社会相适应。作为“积极引导者”的主体党和政府，一方面全面正确地贯彻执行党的宗教政策，尊重和保护宗教信仰自由；另一方面从政治的高度充分认识宗教工作的重要性，依法加强对宗教工作的管理。根据藏传佛教的实际，把握方向，抓住重点，加强爱国主义、社会主义教育，通过培训、参观等方式，使广大僧尼了解宗教政策，了解经济形势，不断提高思想觉悟，增强民族自信心和自豪感。党和政府要指导宗教界办好自养事业，鼓励广大僧尼参与经济建设，利用宗教教义、宗教教规和宗教道德中的某些积极因素为社会主义服务。

党的十六届四中全会提出了要构建“社会主义和谐社会”的目标。胡锦涛指出：“实现社会和谐，建设美好社会，始终是人类孜孜以求的一个社会理想，我们所要建设的社会主义和谐社会，应该是民主法制、公平正义、诚信友爱、充满活力、安定有序、人与自然和谐相处的社会。”和谐社会是人类社会全面协调和发展的文明标志，其内涵是全面贯彻尊重劳动、尊重知识、尊重人才、尊重创造的方针，不断增强全社会的创造活力；妥善协调各方面的利益关系，正确处理人民内部矛盾；加强社会建设的管理，推动社会管理体制创新，健全工作机制，维护社会稳定；坚持党的群众路线，加强和改进新形势下的群众关系。宗教作为一种重要的文化现象，在构建和谐社会方面是不容忽视的重要因素，正如贾庆林所说：“宗教界在构建社会主义和谐社会过程中大有可为”。《宗教与和谐社会建设》一文说：“宗教对于人类社会生活具有包括心理功能、道德功能、文化功能、服务功能、公益功能在内的多处特殊功能。而宗教正因为这些特殊功能，能够自己创造与社会主义社会相适应的可能性。抓住宗教的特殊功能，才能把握宗教与社会主义和谐社会相适应的切入点”。目前，各种宗教内部、不同宗教之间还或多或少存在矛盾，宗教与社会政治、经济、思想文化等方面的矛盾也错综复杂，相当程度的存在着不和谐因素，所以，要处理好宗教与社会的和谐，首先宗教自身要和谐。正确认识和处理好宗教问题是构建和谐社会的重要内容，宽厚慈爱、主张和平、诚信利他等思想是构建和谐社会的保证。

在藏族地区，宗教问题与民族问题、社会问题紧密结合，宗教信仰与民族传统、生活方式、风俗习惯互为融合，成为其民族文化、心理的重要一部分。长期以来，以藏传佛教为主的宗教一直发挥着传统文化的作用，藏传佛教的教义、戒规成为维护社会生活的共同道德规范。因此，在藏族地区宗教的和谐与稳定是整个社会和谐稳定的一个重要组成部分，宗教在构建和谐社会中有着不可替代的特殊作用。如前所述，任何宗教都有许多特殊的功能，如心理调适功能、社会组织功能、协调稳定功能、凝聚功能、道德规范功能、文化交流功能、传承历史功能等。这些对调整人们的心理状态、统一思想行为、协调人与自然和社会的关系、维护社会稳定、发扬优秀文化等起到了十分重要的作用。但应该清楚，任何一种宗教包括藏传佛教在内其社会作用都具有两重性，即积极作用和消极作用，如果处理得好，会对社会发展和社会稳定产生积极作用，处理得不好，就会产生破坏作用。因此，在藏族地区，引导、协调宗教与社会的关系显得尤为重要。

藏族文化博大精深，包罗万象，其中含有许多反映处理人与人、人与社会、人与自然关系的论述。敦煌发现的古藏文文献《礼仪问答写卷》对做人之道和非做人之道有明确的要求。佛教传入后，它的伦理道德逐渐转变为社会公德，松赞干布根据佛教“十善法”制定的《在家伦理道德十六法》规定了做人和处理人际关系的基本道德准则。在以后出自高僧之手的《格言集》和佛学著作中大量谈到道德规范问题。如团结互助、和睦相处、敬老尊长、知恩图报、法身自好、艰苦备尝、乐善好施、诸恶莫做、抑恶扬善、积德行善、诚实守信、谦逊礼让、宽容大度等。这些与社会稳定、社会和谐、社会文明的要求是相一致的。

和谐社会是指构成社会的各个部分、各个要素处于和谐、安详、稳定、有序状的社会。和谐社会的内涵包括人与自我的和谐、人与人的和谐、人与社会的和谐、人与自然的和谐。在藏区尤其在西藏，佛教思想是构建和谐社会的重要因素之一。因为，宗教思想特别是佛教思想是藏族文化的柱石之一，佛教的影响无处不有。藏传佛教的宁玛派、噶举派、萨迦派和觉囊派认为人性本净、明心见性、众生平等，内心的宁静与和谐是幸福生活的基础，修行过程就是使迷失的内心重新回归于安定与和谐的过程。每一个人包括在家的俗人和出家的僧人都有一个本净的内心，但由于种种冲动心里的迷惑导致各种欲望的生起，欲望过重造成人与人之间的关系的紧张和心灵的不安，而且会给社会带来混乱。因此，内心的修养是非常重要的，构成内心世界的宁静、平衡和谐是构建和谐社会、营造安定有序的社会环境的基础。

和谐社会的核心是人与人之间的和谐，藏传佛教倡导尊老爱幼、团结互助、弃恶扬善、和睦相处、诚实守信、不谋私利、仁爱和谐、宽容待人、助人为乐、众生平等，体现了宽容主义、人性主义、利他主义和爱国主义的精神。这种思想不仅富有时代气息的宝贵的精神价值，而且与“和谐社会的热爱集体、守法自律、尽职尽责、爱心奉献、造福社会等不谋而合，有助于促进社会安定，构建起和谐安定的社会秩序”。人心净，则国土净，人心和，则社会和谐。

藏传佛教的基本道德信条是不杀生、不偷盗、不邪淫、不妄语、不两舌、不恶口、不绮语、不贪欲、不嗔恚、不邪见，其中前三条属于身业，中间四条属于口业，最后三条属于意业。佛教用这十善来规范身心，培养仁爱、慈悲、宽容的高尚情操和理智的思考能力，进而对一切众生普遍爱护、慈悲摄持，要求每一个人应该弘扬这十种美德。杀是以断灭众生生命为性，是造成大难的根源，所以必须要戒。妄语是以欺骗不实为性，即以不实的语言欺骗人家，两舌、恶口也属于妄语之类。不妄语、不恶口、不两舌三条，要求诚实守信，不说谎话，不得口是心非，要与人为善，力求追求道德的至善至美。尽管佛教的这些道德规范带有很重的信仰特点，但对鼓励广大信教群众追求良好的道德目标有积极的作用，能陶冶品性、净化思想，对促进社会道德和精神文明建设都有着积极意义。

在藏区，僧人有较高的社会地位，他们的一言一行对信教群众有很大的影响。所以，作为藏传佛教的僧众首先坚持佛教戒条，树立诚信意识，做好寺庙内部的和睦团结，以诚实守信的传统美德影响信教群众，担负起社会成员应尽的社会责任，履行应尽的义务，发挥佛教对维护祖国统一、稳定民族关系、推动经济发展的作用，正确对待和处理佛教内部问题与社会问题的关系。只有诚信才能建立人与人之间的融洽、和谐、友善的关系。

藏族宗教文化（包括苯教和藏传佛教文化）中蕴含着丰富的生态思想，赋予自然于神性，维护自然生态系统的完整性与良好的运作状态，使我们所赖以生存的自然环境清净无染，野生动物自由生活，人与自然和睦相处。当然，在宗教盛行、大多数人信教的藏族地区，强调苯教和藏传佛教在构建和谐社会中的作用，并不是提倡和发展宗教，而是要正确引导宗教与社会主义社会相适应，充分发挥藏传佛教的积极因素，利用其传统的道德美德，促进社会的诚信友爱、安定有序、人与自然社会的和谐相处，“努力使宗教多为民族团结、经济发展、社会稳定服务，为构建社会主义和谐社会服务”。总之，有了人与人的和谐，才能实现人与社会、人与自然的和谐，凡是自私自利，没有责任意识、以恶为本的都不益于任何社会的和谐。

主要参考书目

《宗教学通论》，吕大吉主编，中国社会科学出版社，1989。

《中国社会与宗教》，郑志明著，台湾学生书局，1986。

《原始思维》，列维·布留尔著，丁由中译，商务印书馆，1987。

《宗教的起源与发展》，麦克斯·缪勒著，陈胜观等译，上海人民出版社，1989。

《中国宗教礼俗》，高寿仙著，天津人民出版社，1992。

《中国宗教与文化》，牟钟鉴著，巴蜀书社，1989。

《原始宗教与神话》，施密特著，上海文艺出版社，1987。

《佛教史》，杜继文主编，中国社会科学出版社，1991。

《宗教学概论》，罗竹风主编，华东师范大学出版社，1996。

《印度哲学史》，黄心川著，商务印书馆，1989。

《宗教问题概论》，龚学增主编，四川人民出版社，1999。

《宗教·政治·民族》，张践著，中国社会科学出版社，2005。

《圣俗之间一宗教与社会发展互动关系研究》，孙雄著，黑龙江人民出版社，2006。

《中国的宗教问题和宗教政策》，王作安著，宗教文化出版社，2002。

《宋代寺院经济史稿》，游彪著，河北大学出版社，2003。

《云南宗教史》，杨学政主编，云南人民出版社，1999。

《中国藏传佛教寺院》，冉光荣著，中国藏学出版社，1994。

《藏传佛教源流及社会影响》，丁汉儒等编，民族出版社，1991。

《西藏宗教之旅》，图齐著，耿升译，中国藏学出版社，2005。

《喜马拉雅的人与神》，图齐等著，向红笳译，中国藏学出版社，2005。

《西藏文明》，石泰安著，西藏社会科学院西藏学汉文文献编辑室,1983。

《论西藏政教合一制度》,东噶·洛桑赤列著,民族出版社,1981。

《西藏原始艺术》,李永宪著,四川人民出版社,1998。

《论藏族文化的起源、形成与周边民族的关系》,格勒著,中山大学出版社,1988。

《藏族文化发展史》,丹珠昂奔著,甘肃教育出版社,1997。

《甘青藏传佛教寺院》,蒲文成主编,青海人民出版社,1996。

《吐蕃金石录》,王尧编著,文物出版社,1982。

《藏族传统文化及其现代化》,星全成著,青海民族出版社,2002。

《四川藏族价值观研究》,刘俊哲等著,民族出版社,2005。

《中国藏区生态环境保护与可持续发展研究》,南文渊著,甘肃民族出版社,2002。

《西藏本教》,察仓·尕藏才旦著,西藏人民出版社,2006。

《西藏简明通史——松石宝串》,恰白·次旦平措等著,西藏藏文古籍出版社,1991。

《贤者喜宴》,巴卧·祖拉程哇著,民族出版社,1985。

《汉藏史集》,达仓宗巴·班觉桑布著,四川民族出版社,1987。

《娘氏宗教源流》,娘·尼玛维色著,西藏人民出版社,1988。

《土观宗教源流》,土观·洛桑曲吉尼玛著,刘立千译注,西藏人民出版社,1985。

《西藏王臣记》,五世达赖喇嘛著,刘立千译,民族出版社,2000。

《本教源流》,白崔著,西藏人民出版社,1988。

《西藏本教源流——贤者宝库》,夏察·扎西坚赞著,民族出版社,1985。

《古代象雄与吐蕃史》,南喀诺布著,中国藏学出版社,1996。

《藏族社会历史调查》,西藏人民出版社,1987。

《四川省阿坝洲藏族社会历史调查》,四川省编辑组,四川省社会科学院,1985。

《门巴族社会历史调查》,西藏人民出版社,1987。

《珞巴族社会历史调查》,西藏人民出版社,1987。